本书受到国家自然科学基金（71529001）资助

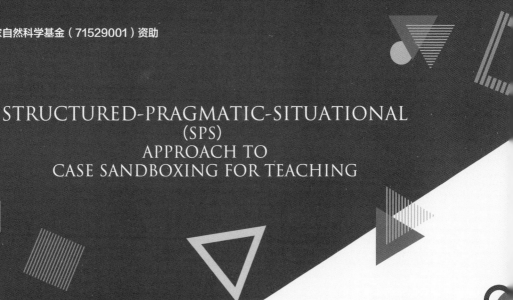

STRUCTURED-PRAGMATIC-SITUATIONAL
(SPS)
APPROACH TO
CASE SANDBOXING FOR TEACHING

SPS案例沙盒教学方法

设计、实施与范例

潘善琳　应文池　著

北京大学出版社

PEKING UNIVERSITY PRESS

图书在版编目（CIP）数据

SPS案例沙盒教学方法：设计、实施与范例/潘善琳，应文池著；
—北京：北京大学出版社，2018.6
ISBN 978-7-301-29503-8

Ⅰ.①S… Ⅱ.①潘… ②应… Ⅲ.①统计分析-应用软件-教学研究
Ⅳ.①C819

中国版本图书馆 CIP 数据核字 (2018) 第 081223 号

书　　　名	SPS案例沙盒教学方法：设计、实施与范例 SPS ANLI SHAHE JIAOXUE FANGFA
著作责任者	潘善琳　应文池　著
策划编辑	徐　冰
责任编辑	周　莹
标准书号	ISBN 978-7-301-29503-8
出版发行	北京大学出版社
地　　　址	北京市海淀区成府路 205 号　100871
网　　　址	http://www.pup.cn
电子信箱	em@pup.cn　　QQ：552063295
新浪微博	@北京大学出版社　　@北京大学出版社经管图书
电　　　话	邮购部 62752015　发行部 62750672　编辑部 62752926
印　刷　者	北京宏伟双华印刷有限公司
经　销　者	新华书店
	730 毫米 ×1020 毫米　16 开本　12 印张　132 千字 2018 年 6 月第 1 版　2018 年 6 月第 1 次印刷
定　　　价	42.00 元

未经许可，不得以任何方式复制或抄袭本书之部分或全部内容。
版权所有，侵权必究
举报电话: 010-62752024　电子信箱: fd@pup.pku.edu.cn
图书如有印装质量问题，请与出版部联系，电话: 010-62756370

目 录

前 言／1

第一部分　SPS案例沙盒：教学方法创新

第 1 章　教育科技及教学沙盒／3

第 2 章　教学方法与案例沙盒／19

第 3 章　SPS案例沙盒教学方法精要／35

第二部分　SPS案例沙盒：教学方法指南

第 4 章　SPS案例沙盒教学的基本流程／41

第 5 章　SPS案例沙盒教学方法的设计指南／51

第 6 章　SPS案例沙盒教学方法的实施指南／77

第三部分　SPS案例沙盒：经典教学范例

第 7 章　案例沙盒教学实例：马来西亚BJ集团数字化转型战略预研／99

第 8 章　案例沙盒教学实例：WIZ-H积分运营商业模式预研／115

第 9 章　案例沙盒实例：WIZ-QH智慧城市智能停车场系统预研／135

第四部分　SPS案例沙盒：教学价值扩展

第 10 章　SPS案例沙盒与行动研究／155

第 11 章　SPS案例沙盒与企业创新／173

后　　记　SPS案例沙盒的总结与未来／179

前言

数字化技术的广泛应用,特别是基于互联网的知识传播与获取方法,给基于书本传授知识的教学模式带来了前所未有的冲击,"当传统教育遇到Google(谷歌)和百度"成为高校教育和教学方法面临的痛点之一。与此同时,数字化技术带来的新型工业革命不仅颠覆了传统的工业秩序和社会分工,而且深刻影响了人才的培养模式,"如何培养学生解决实际问题的能力"是当前高校教育和教学方法面临的痛点之二。为此,教育界做出了许多有益的尝试,不论是利用慕课和翻转课堂等科技手段来助力教学方式的转型,还是推广案例教学方法来促进学生的独立思考和对知识的运用,都是希望寻求教育科技和教学方法上的突破与创新。然而,"高校教学与社会实际需求脱节,能力培养面向过去经验而非未来要求,学习实践缺少真实或近似真实的环境"等问题依然存在,这些问题是高校教育和教学方法面临的痛点之三。

正是这些我们在实际教学中看到和遇到的痛点，促使我们下定决心在教学中进行探索、实践、创新和总结，以此构建一套方法，以供后来者借鉴、掌握、探讨和持续完善。SPS 案例沙盒教学方法因此而生。首先，该方法继承了 SPS 案例研究方法的理念。结构化（Structured）是指从教师指导的视角进行结构化的设计和实施；实用化（Pragmatic）是指从企业参与的视角开展实用化的验证；情境化（Situational）是指从学生执行的视角开展情境化的行动。其次，在该方法的概念中，案例是形式，沙盒是环境，教学是目标，方法指南是操作流程。SPS 案例沙盒教学方法是基于真实的商业、技术和决策情境以及开放性的问题与需求，以面向未来且生动真实的案例主题设计，通过"案例沙盒项目实验室"的模式，创造一个"相对安全的实践和创新环境"，引导学生以恰当的身份和方式参与企业的实践，并在实践中学习、应用与创新，从而达到面向学生的未来发展和能力培养的目的。最后，我们提出的案例沙盒模式打破了高校与社会组织（企业、政府、非营利组织等实践者）之间的壁垒，将"产、学、研"有效且高效地连接起来，这不仅给教育工作者提供了教学方式创新的机会，也给实践者寻找创新路径提供了思路。

本书详细地阐述了 SPS 案例沙盒教学方法的概念、原则、流程、工具、角色和范例，并将其延伸至行动研究和企业沙盒等领域。其中，方法指南详细讲解了如何将企业的现实问题、新兴的技术背景和安全的实践环境带入面向学生的教学情境，以及按照何种结构化的规范过程来进行实用化的操作。为了能让读者更好地理解该方法的运用，本书特别使用了由潘善琳教授领衔的国际合作团队——包括来自澳大利亚新南威尔士大学、北京航空航天大学、燕山大学的师生——为主体开展的三个案例沙盒教学项目作为范例，并依据设计指南与实施指南进行了详细的描述。这里需要特别说明的是，由于范例中的部分内容涉及校企合作的保密条款，因此不能具体展示，敬请读者谅解。

在此，我们谨向北京航空航天大学经济管理学院的贾素玲教授、王强副教授、李明伟博士、崔争艳博士，硕士生吴梦、杨洋、许梦泽、王爽哲、刘悦、李茜茜，燕山大学信息科学与工程学院的刘文远教授、于家新博士、王亮博士，澳大利亚新南威尔士大学商学院的陈妍霓博士，以及所有参与SPS案例沙盒教学方法创新与课程实践的老师们和同学们表达深深的敬意和谢意！得益于教育部学位与研究生教育发展中心的邀请和北京航空航天大学经济管理学院欧阳桃花教授的支持，我们有幸在2017年7月的"第一届案例教学高端论坛暨案例开发与教学创新方法研讨会"上，第一次对外详细介绍了SPS案例沙盒教学方法，并获得了来自与会老师的积极响应和宝贵建议，在此表示感谢！最后，我们还要感谢上海财经大学信息管理与工程学院崔丽丽副教授为本书出版给予的指导和支持！特别感谢惠智（深圳）技术有限公司创始人兼CEO邓牧博士的大力支持！

我们希望本书对SPS案例沙盒教学方法的介绍和阐述，能让读者感受到SPS案例沙盒教学方法的魅力，并在教学实践中成功运用这种新型的方法，也希望更多的人能加入我们，同我们一起在该领域不断地探索和创新。

第一部分

SPS 案例沙盒：教学方法创新

第 1 章
教育科技及教学沙盒

1.1 教育科技改变知识传授模式

1.1.1 当传统教育遇到 Google 与百度

工业革命即产业革命,通过在科学技术上的重大突破,促进经济和社会的全面发展。与此同时,工业革命由技术进步驱动所产生的社会分工也奠定了现代教育的基本模式,成为整个经济社会发展的基础。以蒸汽机的发明和应用为标志的第一次工业革命带来了工业与农业的分工,并实现了技术与操作的分工。以电力的大规模应用为代表的第二次工业革命则带来了管理与执行的分工,管理开始成为一门独立学科。随着第一台可编程逻辑控制器

(PLC)的问世，以自动化技术和电子技术的应用为代表的产业迅速升级与发展，不仅大幅度地提高了生产效率和质量水平，而且进一步明确和细化了对流程、角色、岗位的责任分工和对工作技能的要求，从而推动了整个经济和社会的不断进步。这场革命被人们称为第三次工业革命。

工业革命对人类社会的影响极其深远，它带来的社会分工和技能要求，又进一步促进了现代教育模式的形成和发展，即按照社会分工要求设置学科和专业，学者将社会发展和工业革命中积累的经验和知识编写成书，教师通过以演讲为主的方式将书本知识传授给学生，从而开始了我们常说的"传道、授业、解惑"。

随着数字化技术（也称信息技术）特别是互联网等新兴技术的兴起，这一延续数百年的知识传授模式受到了前所未有的冲击。以Google与百度为代表的互联网新锐，为莘莘学子带来了便捷且成本极低的知识获取模式——搜索和推荐！通过搜索和推荐，数以亿计的互联网应用和近乎海量的信息资源可以随时展现在学生面前。许多教师都感慨"现在的课是越来越难讲了""压力山大"！大部分教师都会有这样的共识：教师知道的，学生能够随时搜索到；教师不知道的，学生也能随时搜索到。不仅如此，互联网还能主动推荐给学生需要的知识；甚至教师在讲课中出现的一个小错误，也可以被学生迅速捕获到。因此，互联网技术的出现与普及正在让学生特别是大学生逐渐失去在传统课堂学习的兴趣。

与此同时，由数字化技术带来的产业革命，例如德国的"工业4.0"、美国的"工业互联网"、中国的"中国制造2025"等计划，正在颠覆传统工业秩序，并为各行业进行数字化赋能（Digital Enablement）。科技进步和产业发展日新月异，传统工业革命奠定的社会分工正在受到前所未有的冲击。人们普遍感受到知识的传授跟不上科技的发展。传统教育模式是基于过去三次工业革命带来的社会分工和劳动密集型的生产方式来设计的，其主要特点是：教材千篇一律，学生服从权威，授课方式制约了学生独立思考能力和创造力的发展。然而，新兴的数字化工业革命不仅颠覆了过去的生产方式，更需要大批的创新型和复合型人才。因此，我们迫切需要培养学生主动跟踪科技发展趋势，综合利用管理技术和工程技术解决实际问题的能力。

由此可见，现有的教学模式难以适应新时代的需求，传统的课堂教学无法充分地调动学生的主动性和积极性。曾经的三尺讲台，我们面对的是学生的求知欲望；如今的三尺讲台，我们面临的是整个互联网的挑战。传统教学及其方法亟须变革已成为教育界最为重要的话题之一。

1.1.2 传统教学及教学方法

教学是学校的中心工作之一，在高等教育活动中占有极其重要的地位。教学的根本目的在于向学生传授知识，增强学生对理论知识的理解和掌握，激发学生的好奇心和学习兴趣，从而培育学生的创新思维与解决实际问题的能力。因此，选择正确合理的教学方法对实现教育目标、保证教育质量以及培养创新型、复合型人才具有非常重要的意义。教学方法大多是某一类教学思想的体现，虽然因其教育目标的不同而有所差异，但是其共性都是为了实现教学目的和教学要求，都是教师授课方法和学生学习方法在教学活动中的高度融合和有机统一。因此，教学方法是提高教学质量和效率的重要保证。

传统教学方法起源于17世纪，发展、完善于19世纪以后。1632年，捷克著名教育家扬·阿姆斯·夸美纽斯（Jan Amos Komenský）在《大教学论》（*Great Didactic of Comenius*）一书中提出教学必须"遵循自然"，这是西方近代最早的有系统的教育学著作，标志着独立形态教学论的产生。18世纪末19世纪初，德国著名教育家约翰·弗里德里希·赫尔巴特（Johann Fridrich Herbart）开始从心理学角度为教学理论寻找依据，探讨合理的教学方法。作为"教师中心说"的代表，他强调"学生对老师须保持一种被动的状态"，提出了"教育性教学"原则，并逐渐形成了以解决"如何教"为中心的教学理论体系（邹丽玲 & 李志宏，2009）。

传统教学中运用的主要教学方法是讲授法。一方面，传统教学方法是"从教师到学生"的单向交流模式，该方法十分重视教师的"教"以及教师在教学中的"中心"地位。这有利于系统化传授知识和技能，能够使课堂教学规范化，并在一定程度上保证教学质量。另一方面，传统教学方法却忽略了学生的主体地位和个体差异，加上教学活动及内容相对单调，"重机械记忆和背诵，轻启发和引导"，这使得学生很容易出现"机械学习，呆读死记"的状态。不仅如此，传统教学方法的教学目标相对单一，重知识灌输，轻能力培养，对学生在实践中智力和非智力因素的关注和考虑相对较少。

历次工业革命使得工业生产过程以及产品本身的复杂性不断地增加，尤其是新型工业时代技术和管理的革新速度越来越快。传统的管理模式乃至商业模式尚不足以适应并控制这个复杂性，对人才的传统培养模式就更难以适应这种新形势的能力要求。这种复杂性正在倒逼着企业和其他社会组织寻求新的管理技术和工程技术，以获得持续竞争优势和卓越的绩效。对于企业和其他社会组织而言，培养和获得能够适应和驾驭这种新形势要求的人才是首要的战略任务。因此，人力资源的教育和管理不仅需要被动地快速适应变化，更需要积极主动地迎接冲击、拥抱变化、面向未来。否则，任何不能与时俱进的教学模式和教育机构都有可能被时代洗牌出局。

1.1.3 教学方法的创新需求

19 世纪末，美国著名实用主义教育家约翰·杜威（John Dewey）提倡促进个性的发展，与赫尔巴特的传统教育思想形成了巨大的反差。杜威在教学方法上主张"从做中学"，在此基础上提出"五步教学法"；与赫尔巴特相比，他强调以"活动"为中心，学生在"做"的过程中发现问题的真实性和有效性。这就将传统教育的"教师中心、书本中心、课堂中心"转变成为"学生中心、经验中心、活动中心"。

虽然这种以培养学生能力为中心的教育理念很早就提出来了，然而深受前几次工业革命的影响的传统教学模式,依然在很大程度上被保留下来,并继续发挥着影响。今天,在经济和知识全球化的互联网时代,传统的教学模式与新环境对培养人才的教学创新要求之间存在的差异性和冲突性已经愈发明显,主要体现在:

(1) 传统教学以书本为载体,目标是向学生传授书本中的理论知识。教学创新的目的则是以理论知识为基础,培养学生解决问题的实践与创新能力。由于互联网使得学生获取基础理论知识和相关经验知识变得便捷与高效,教师的主要任务则逐渐转变为鼓励学生主动探究知识和经验的实践应用,甚至进行理论的创新。其间,教师就理论知识与实践经验中的学习难点进行针对性的讲解和引导。

(2) 传统教学以教师主动讲授、学生被动接受为主。教学创新则以教师引导、启发学生主动学习和运用知识为主。新型工业革命对人才的需求体现为对综合素质和专业复合型的要求,这使得知识不仅仅局限于某个学科或某个专业范畴。对于学生来说,教师已经不再是"知识库",他们应该开发新的教学方法并以自身的经验来引导学生们善于使用互联网、大数据、云平台等信息时代的"万能知识库"来研究和解决实际问题。

(3) 传统教学是以在教室内通过课件讲义的形式授课为主。教学创新则是由教师利用多种手段尤其是新兴科技手段,设计和实施综合的教学方式,以有效地激发学生的兴趣,吸引其关注,促进学生与教师之间的良性互动,调动学生参与的积极性,从而引导学生进行知识的运用和探索。

(4) 传统教学的知识传授一般仅限于课堂范围内。教学创新则要求知识的传授、运用和创新突破课堂范围。教师需要引导学生有效利用课堂内外的时间、空间和资源，进行必要且充分的调研、整理、分析、讨论和试验等，在充分的实践中将书本知识转化为实际行动和创新能力。

(5) 传统教学的讨论和小组学习一般仅限于书本上的问题和课后作业。教学创新则要求学校和教师尽其所能地提供模拟真实环境的"实验室"，以培养学生解决实际问题的实践和创新能力。在新型工业革命中，问题和需求的产生速度已经远远超过了书本知识的更新速度，只有在近似真实的环境中才能培育出符合新时代要求的优秀从业者。

(6) 传统教学中的知识传授在新时代中仅仅等价于基于教材和讲义的信息传递。教学创新则要求学生能够通过实践和创新的探索过程获取、积累和运用知识。这些知识不仅包含书本上已有的理论和经验，还包含根据现实环境灵活运用理论和经验解决实际问题的方法和能力，以及在实践过程中获得的新知识。

可见，新时代教学正在从以教师为中心的"教师讲课、书本知识、课堂传授"，转变为以学生为中心的"自我导向、提升能力、实践活动"。因此，教育必须变革，以适应新时代的要求。其中，首先需要反思和做出改变的是教师的角色定位及其教学模式，教师需要通过新型的教学模式和科技手段有针对性地，甚至是个性化地对学生进行"能力定位、课程设计、教学实施"。

图1-1概括了传统教学和教学创新的差异，以及由传统教学模式向教学创新模式转变的科技助力。

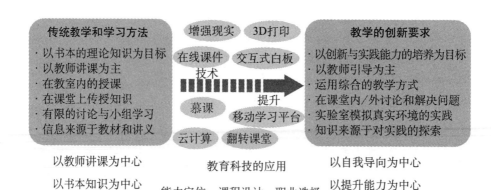

图 1-1　教育模式的变革与教育科技的助力

1.1.4　教育科技助力教学方式转型与变革

目前，新兴科技的发展和全球化进程正在改变经济、社会，甚至政治结构。教育同样需要更多的科技驱动力来应对上述变化。基于技术创新的教学转型创造了在全球范围内学习、贡献和参与的自由，这在十几年前是不存在的。互联网、大数据、人工智能等许多新兴技术已经被用来升级和创新教学模式，慕课和翻转课堂等教育科技手段正在助力教学方式的转型和变革。

（1）慕课（MOOC，又称大规模在线开放课程）是一个开放可扩展的在线教学平台，允许学生反复访问学习材料，合理安排学习进度。它还提供了在线社交平台，鼓励同行学习和小组讨论。慕课提供了灵活且开放的学习环境，可大规模地应用于虚拟化教学，并为大众提供了平等的学习机会。慕课的发展势头不容小觑。澳大利亚开放大学（Open Universities Australia）已加入慕课的提供商网络，该大学已累计向25000名学生提供了免费课程，课程完成率已达26%。数字化技术使得教学和学习从原先的三尺讲台走向任何有网络的地方。

（2）翻转课堂（Flipped Classroom）是技术驱动的一种教学转型模式，丰富了当前的课堂教学方法。它提供了一种新的学习模式，通过重新安排课内外时间，将学习的决定权从教师转移给学生。这个模式的关键在于，学生们通过数字图书馆、音视频资料及各种互联网媒体，在课堂外获得所需要的基础知识，同时，授课老师成为课堂上的辅导员或训练员，在有限的课堂时间内致力于为学生提供更精彩和更有吸引力的课程。教师通过减少个人授课时间并增加更多的实践互动来帮助学生进行学习。例如，澳大利亚新南威尔士大学（The University of New South Wales）的商学院将整个商学院大楼的一层空间进行重新开发，改造成为一个"翻转"的教学空间，并命名为PLACE（Peer Learning And Collaborative Exchange，同伴学习与协作交流），并打造了多门翻转课程。这些灵活和丰富的新技术空间，为学生营造了积极主动的学习环境，有助于塑造强大的学习者群体。

（3）3D打印机和可穿戴技术在近年来的可用性不断提高。3D打印机通常用于制造和构建可以在三维层面表达的原型。可穿戴技术是指可由用户佩戴的数字设备，以诸如珠宝和眼镜等配饰的形式（如Google眼镜和智能手表等）与用户的日常生活和运动进行无缝集成。在教学环境中采用3D打印机和可穿戴技术可以提供真实的世界环境，并且可以更有效地探索以前可能无法接触的对象和无法获得的环境。例如，在美国爱荷华州立大学（Iowa State University）的全球微观装配实验室（GeoFabLab）中，地质学专业的学生可以通过3D打印标本来检查稀有化石、晶体和矿物，从而不会损坏真实的珍贵物品。与此同时，美国加利福尼亚大学尔湾分校（University of California, Irvine）的医学院已经将Google眼镜纳入其解剖学课程。越来越多的教育机构采用了3D打印技术和可穿戴技术，将它们应用于促进基于具体项目的学习，学生能够借助这些技术手段对研究对象和实验环境形成更为深刻的理解。

（4）大数据分析技术为教育科技的应用提供了更有效的支持。一方面，它通过帮助教师分析自身的教学效果以及学生的学习效果，不断改进教学手段和教学质量。另一方面，它还帮助学生有效地界定自身优势，根据学生的家庭背景、能力、兴趣和学习风格的个体差异，提供课程的个性化推荐和学习计划的辅助型建议，从而突破了"千篇一律"的教育瓶颈。美国普渡大学（Purdue University）的信号项目就是一个很好的例子。信号项目（Signals）是一个学习管理平台的交互数据分析系统。该系统通过数据分析来建立学生的学习情况预测模型。系统会自动分析学生是否可以达到课程要求，是否存在不能完成课程的风险，以及是否需要额外的学术支持等。系统还会通过类似交通信号灯的方式来将学习情况呈现给教师和学生本人。总的来说，普渡大学的信号项目已经被证明对学生的学习效果有积极的作用。

与此同时，新兴科技不仅可以改进和创新教学手段，还可以应用到教学过程中。新兴科技作为教学内容的组成部分，教师可引导学生通过学习和利用新兴科技进行知识的实践和探索，进而将自己的专业学习、社会的需求和技术的发展三者有机地结合起来。

1.2 沙盒教学模式的提出

1.2.1 实践型教学模式

当前，众多科技手段主要运用于知识传授和教学辅助。然而，新兴科技特别是数字化技术已经与各个行业的业务与发展进行了深度融合，如我们现在耳熟能详的金融科技、电子商务、智能制造、远程医疗、基因工程、移动社交、智慧城市等。科技不只是教学手段的重要支撑，更应该是教学内容的重要组成部分。当今社会的各种需求和应用几乎都是专业知识和科技手段的结合，包括工程领域和管理领域。因此，教师有必要主动将科技与各个专业领域的教学内容进行结合，让学生们通过参与实践来感知、思考和运用知识，而不仅仅让知识停留在讲义上、书本里和讨论中。

目前，在实践型教学方面，很多学科也都已经开设了相应的设计与实验课程，并将实践成果作为课程作业对学生进行考核，例如，电子信息工程专业中的数字时钟设计与制作，管理信息系统专业的产品管理系统设计与开发，供应链与物流管理专业的连锁店物流模型设计等。然而，这些实践课程都需要在严格的场景设定条件下设计与实施，并且通常配备有标准答案，主要目的仍然是检验学生对书本知识的掌握，且教学方式仍是以教师讲授为主，辅以简单的小组讨论，然后由学生按照既定流程完成一个规范化的实践操作过程。

业界已有的实践型教学模式主要存在两个方面的问题：其一，书本内容相对于知识的发展，特别是在新兴科技的应用方面，存在明显的滞后性。这不仅影响了学生对新兴知识的获取，而且在可通过互联网便捷获取知识的背景下，容易让学生对这类教学失去兴趣。另一方面，大多数实践教学的课程设计内容和要求相对于社会的需求也明显脱节。这不仅阻碍了学生感知企业和了解社会，而且限制了学生提升灵活学习和运用知识的能力，以及主动解决实际问题甚至开展创新活动的能力。

因此，在科技助力教学的基础上，我们需要一种新型的实践教学模式，以适应和应对当今日新月异的科技进步和社会发展的需求。这种新型的教学模式，需要以知识运用和实践创新为导向，需要满足面向未来且立足实际的要求，需要有接近真实且相对安全的实践环境。总之，新型的实践型教学模式要让学生体会到真实的场景、实用的操作，同时保留结构化的规范过程。

1.2.2 沙盒教学新概念

基于以往的校企合作经验和教学模式研究，以及自身实践创新的成功探索，我们提出了"沙盒教学"（Sandboxing for Teaching）的教学模式。

沙盒的概念，已在多个领域中有类似的应用：①在儿童教育领域，沙盒（Sandbox）是指一些被预先设计好的安全容器。例如，在一个装满小球的容器里，儿童可以随意玩耍，该容器可起到保护儿童的作用。因此，沙盒在这里可以被理解为一种安全的儿童娱乐环境。②在计算机应用领域，沙盒（Sandboxing）是一种按照安全策略限制程序行为的虚拟系统执行环境，允许用户在沙盒环境中运行浏览器或其他程序，同时控制程序可使用的资源（如文件描述符、内存、磁盘空间等），为用户提供安全的实验环境。③在军事领域，沙盒（Sand-table）通常放置以一定的比例制作的地形模型，以及代表军队与武器布置的模型或图案，是作为军事作战演练、模拟与指挥的环境。随着数字化技术的发展，目前军事沙盒已经实现了信息化，例如战争游戏模式。④在虚拟游戏领域，沙盒游戏（Sandbox Game）则是由沙盘游戏演变而来。沙盒游戏兼具高清画质和游戏艺术性。玩家可以在游戏世界中自由奔跑，而不是根据游戏固定设置的主线剧情进行游戏。创造性是该类游戏的核心理念，其自由度与随机突发事件是不可缺失的部分。

与此同时，在经济管理和教育管理领域，若干国家和高校也开展了沙盒项目。例如：英国金融行为监管局（Financial Conduct Authority，FCA）为符合条件的金融科技（Fintech）企业推出金融科技监管沙盒（Fintech

Regulatory Sandbox)。该沙盒项目提供虚拟且安全的政策环境,用以测试最新的金融科技产品和服务的可行性。美国麻省理工学院推出教育创新与变革沙盒(MIT Innovation Fund Sandboxing)。该沙盒引入企业现实问题,模拟真实的商业情境,从而为学生创业或创新活动提供孵化环境。

可见,沙盒的主要特点体现为相对安全且接近真实情境的实践环境。因此,我们基于多年研究和教学的实践与创新经验,将沙盒理念与现代教学理念有机结合,定义了**"沙盒教学"**的基本概念,如图1-2所示。

图1-2 沙盒教学的基本概念

在沙盒教学的概念中,教学目的不再停留在面向书本知识的传授,而要进一步面向学生知识运用能力和实践创新能力的培养。教学的环境也不再限于课堂的单向授课环境,而要延伸至面向企业的现实问题并结合新兴的技术背景,就像我们常说的"玩真的"。更为重要的是,沙盒教学需要提供一个接近真实且相对安全的实践环境,可以在课堂中,也可以在课堂外,更可以将课堂内外结合起来,甚至延伸到竞赛、兴趣小组、创意孵化器等环境中。毕竟,学校的教学与企业真实的技术研发、产品开发和项目运营有所不同,沙盒教学中的所有方案、建议和变化都不会对企业的实际运营造成损失。因此,沙盒教学既能提供接近真实的实践环境,又能保证实践的相对安全。

基于以上讨论,我们接下来要考虑的问题是:我们应采用怎样的具体方式,才能够将企业的现实问题、新兴的技术背景和安全的实践环境,纳入面向学生的教学情境?又应按照何种规范的结构化过程来引导学生进行实用化的操作?

第 2 章
教学方法与案例沙盒

2.1 案例教学与中国管理实践

案例教学法（the Case Method of Teaching/Instruction）是运用案例从事教学活动的一种教学方法。其中，作为教材使用而开发的案例被称为教学案例或教材案例（Teaching/Instruction Case）。案例教学是一种开放式、互动式的新型现代教学方法，目前主要应用于管理学、法学、临床医学等学科的教学中，并作为一种成功范本向其他学科推广。

案例教学的突出特点是通过案例向学生提供现实世界中具有代表性的真实事件及其发展过程，它以学生为主体，鼓励学生开展充分的讨论以培养他们的批判性和创新性思维。在案例教学中，一方面可以通过分析、比较和研究各种各样的成功或失败的经验，从中总结和抽象出某些具有普遍性或特殊情境下的结论或原理；另一方面也可以让学生通过自己的思考，或者借鉴他人的思想来拓宽自己的视野，从而丰富自己的知识储备。

在这个过程中，指导教师不再是完全的主导者，而是充当引导者的角色。知识的传递也由单向的直线传输变为多点、多向的网状传输，学生之间、师生之间可以相互启发。换言之，案例教学更强调学生之间以及师生之间的互动。虽然这可能意味着更加繁重的课业要求，但也将使教学和学习更加有趣且更有效率和效果。案例教学的本质是追求教学质量和教学效率，以及推动教学活动从"教师本位"向"学生本位"转变。

2.1.1 案例教学的起源与发展

运用案例进行教学始于美国哈佛大学。1910年，哈佛大学法学院和医学院的教育学者发现许多理论问题单凭指导教师的语言去讲述和分析，很难完全让学生真正理解清楚，指导教师也难以给出形象而具体的答案。为此，这些学者结合理论知识，举出法学或医学的实例，向学生提出各种相关的问题，由指导教师引导学生进行分析。该模式深受学生欢迎，取得了良好的教学效果。1918年，人们正式把这种教学命名为"案例教学"，开启了近代对案例教学的研究。案例教学随后得到了美国教育界、学术界和企业界的重视和支持。同时，案例教学方法被引入哈佛大学商学院，学院中的一些指导教师将有关工商管理学科领域的实例做了整理并运用于教学实践，形成了一整套案例选择、收集、编写、更新、发行、管理的程序和实施步骤，案例教学得以进一步地深入和推广。

由于在哈佛大学商学院的成功运用，案例教学逐渐为世人所瞩目。此后，案例教学逐渐被引入会计、商业等学科的教学中。20世纪80年代，案例教学被引入中国，并于1991年开始在中国应用于MBA教学。案例教学中使用的生动案例极大地激发了学生的兴趣，有利于提高学生分析问题和解决问题的能力，并让学生从被动的理论接收者转变为主动的实践和创造者。由于案例教学与MBA教育的成功结合，案例教学在中国高等教育中获得了进一步的发展，并引起了教育界的广泛关注。如今，案例教学已成为培养高素质管理人才的一种重要教学方法。在某种程度上讲，案例教学作为一种具有启发性、实践性，能开发学生智力、提升学生决策能力和综合素质的新型教学方法，正日益显示出强大的生命力，并逐渐成为教育界、学术界与企业界合作的纽带。

2.1.2 案例教学的特点

案例是案例教学的主要内容。学生在课前的准备，以及师生在课堂上的讨论等都是围绕着案例进行的。案例教学最明显的特征就是"使用案例"。案例，既不是编出来讲道理的故事，也不是写出来阐明事实的事例；而是为了达成明确的教学目的，基于一定的事实而编写的故事。一个好的案例是能够将师生要讨论的现实带入教室的工具，指导教师在教学中扮演着引导者和激励者的角色，鼓励学生能够积极地对一些实际发生的问题进行讨论、思考并创造性地表达观点，从而提高学生分析问题的能力。由此可见，案例在案例教学中处于核心地位。指导教师在选择并撰写教学案例之后，将案例发放给学生作为课前准备。师生按照课堂上的小组讨论、总结等步骤来开展案例教学活动。

案例教学的特点如下：

(1) 鼓励学生独立思考。教学案例将理论应用于实际，为学生设定一个可身临其境分析问题的学习过程和环境，目的在于提高学生思考和分析问题的能力。教学案例把复杂现象系统化，让学生在学习案例时展开想象、自由讨论，学生可以就自己和他人的方案发表见解，集思广益，开阔思路。案例教学的目的不在于找到正确的答案，而在于评估案例及运用知识的过程。

(2) 引导学生变注重知识为注重能力。现在的学术界和企业界都认可：知识不等同于能力，知识应该转化为能力。管理本身是重实践、重效益的，如果学生一味地学习书本的知识而忽视实际能力的培养，不仅自身的发展会有所欠缺，也无法为未来所任职的企业带来有益的贡献。案例教学正是基于对学生能力的培养而产生和发展起来的。案例教学以案例为素材，在学习与讨论案例的过程中，学生以决策人的身份识别和定义问题，分析各种可行的方案并制订实施计划；通过这种身临其境分析问题的学习过程，学生可提高其分析问题的能力。案例教学有利于培养学生将书本上的知识应用于实践的能力，培养学生分析实际问题、评估多种方案、制订行动计划的习惯，为学生提供一个接触管理实例的机会，克服对指导教师和书本知识的盲从和依赖。

(3) 案例教学重视多向交流。在学生拿到案例后，开始课前准备。学生会主动查阅各种他认为必要的理论知识,这无形中加深了其对知识的理解,而后经过缜密的思考,提出问题的分析思路和方案。在课堂上,由指导教师给予引导,同时与其他学生开展讨论或争论,形成反复的互动与交流。这也促使指导教师深入思考,根据不同学生的不同理解去补充新的教学内容。学生之间、师生之间的多向交流有助于各种信息、知识、经验和观点的碰撞,进而达到揭示理论和启迪思维的目的。

2.1.3 案例教学面临的挑战

案例教学在鼓励学生独立思考、引导能力培养和注重多向交流等方面的巨大优势已经获得广泛认同,全球许多国家和地区都建立起了各种类别的案例库,各大院校的指导教师们也在不断地挖掘和开发新的有价值的案例,这些对案例教学的推广有着重要的意义和支撑作用。然而,在当今学科知识快速更新、数字技术广泛应用、企业需求快速变化的背景下,现有的案例教学方法在推广和发展等方面也面临着诸多的挑战:

(1)案例主要面向过去。现有的教学案例多倾向于梳理和总结企业已经发生的历史事件和最佳实践,随着企业所处环境的快速变化,这类案例可能缺乏时效性,以致知识和经验难以与现实情况的发展实现同步。

(2)案例开发耗时较长。编写一个好的案例,至少需要两到三个月的时间,还需要有较强的写作技能和丰富的教学经验。同时,单个案例可以覆盖的课时有限,若要覆盖一个课程的所有学时,则需要开发更多的案例,从而耗费更多的时间。

（3）案例应用的难度较高。案例虽然强调开放性，但完整的案例已经具有较为明确的情境设定和作答蓝本，在一定程度上会限制学生的思维扩散和创新。同时，如果指导教师使用其他教师开发的案例，也会存在指导教师对案例内容和运用方式的理解差异与掌控难度。

（4）案例文本篇幅较长。教学全程围绕案例文本展开，然而，冗长的案例文本，容易导致案例本身的地位超然，忽视学生的感受。同时，文本型案例往往难以吸引、聚焦学生的注意并且难以激发学生主动参与的兴趣。

（5）案例缺乏可实践性。案例教学多倾向于案例内容和知识概念的陈述与互动讨论，学生可以通过讨论来拓展自己的知识和提高分析问题的能力。然而，在将知识转化成实际解决问题的能力甚至提升创新能力等方面，案例教学尚缺乏实际的可操作性。

（6）案例教学涉及的专业有限。现有的案例教学模式还无法承载工程技术相关知识的应用，同时，难以将定量研究的相关方法和新兴技术的知识经验等运用于多个学科的案例教学中。发展面向多学科的案例教学新方法是未来的发展方向之一。

综上所述，传统的案例教学方法在培养学生解决实际问题的实践和创新能力等方面，还需要解决**现实性**、**开放性**、**吸引力**、**实践性**、**扩展性**等方面存在的问题。在这些方面，沙盒教学和案例教学正好可以相互结合，有效互补。

2.2 案例沙盒教学：基于现实案例的沙盒教学

2.2.1 案例教学向案例沙盒的演进

案例教学与沙盒教学有着天然的互补性。首先，案例为沙盒提供了面向学生的情境带入方式，案例教学的规范化和结构化过程可以用来引导学生进行实用化的过程操作。其次，案例教学中指导教师承担的引导者和激励者角色可以作为沙盒教学中指导教师角色定位的重要参考依据。最后，沙盒教学面向企业的现实问题并且结合新兴的技术背景，更为重要的是提供一个接近真实且安全的实践环境，这些特征都弥补了案例教学在现实性、实践性和创新性等方面的不足。

因此，我们将沙盒教学和案例教学的理念结合起来，创新地提出了**案例沙盒教学**（Case Sandboxing for Teaching）的概念。案例沙盒教学指的是基于真实的商业、技术和决策情境以及开放性的问题与需求，以面向未来且生动真实的案例主题设计，通过案例沙盒项目实验室的模式，创造一个相对安全的实践和创新环境，引导学生以恰当的身份和方式参与企业的实践，并在实践中学习、应用与创新，从而达到面向学生的未来发展和能力培养的目的。一方面，案例沙盒教学可以引导学生积极主动地参与实践和创新，培养学生解决问题的能力，"在实践中学习，在学习中实践"，从而弥合书本理论和创新实践之间的鸿沟；同时，让学生们充分地体会到什么是学以致用，以及如何在实践中持续学习，从而进一步激发学生参与案例沙盒教学的兴趣与动力。另一方面，案例沙盒教学中的实践创新成果可以为企业现实的解决方案提供支持、参考与建议。同时，案例沙盒的安全环境打消了企业担心对其真实运作造成损失的顾虑，能够进一步吸引企业携其真实问题参与到案例沙盒教学中来。图2-1简要列示了文本案例教学与案例沙盒教学的比较结果。

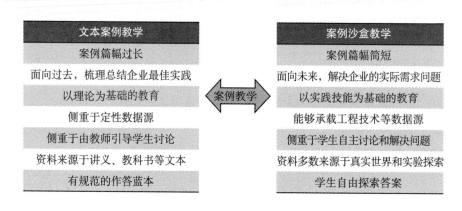

图 2-1 案例文本教学与案例沙盒教学对比

案例沙盒教学方法能够引入企业所面临的真实背景，面向现实的商业、技术和决策问题，明确教学目的和主题。因此，需要说明的是，案例沙盒教学的核心目的是面向教学，培养学生解决问题的能力，这意味着学生们不一定会直接面对企业真实的技术研发、产品开发和项目运营。而对于企业自身来说，这些工作场景也不会完全或直接开放给高校的教学；但是企业又非常清楚高校是人才聚集地和资源池，渴望通过某种方式能够汇集高校的人才资源，为企业的解决方案提供各种智力支持，包括基础研究、应用研究和方案设计等，企业则可以利用这些成果和人才来进一步完善产品研发与项目实施，促进其业务、技术和产品的发展。

高校学生是极具创造力的群体，高校和企业都需要通过某种方式尽早将他们培育成为新兴的优秀从业者。与此同时，高校学生更渴望能有机会展示他们的创意和创新能力，希望在"仰望星空"的同时更能"脚踏实地"。因此，案例沙盒教学的方法创新以及案例沙盒项目实验室的模式创新，构建出模拟真实案例情境的安全学习空间或实验环境，有助于弥合高校、学生和企业三者之间教学、研究与实践的鸿沟。首先，企业提出所面临的商业、技术和决策等问题；而后案例沙盒教学的指导教师通过与企业的沟通与研讨，设计出相应的案例沙盒教学的主题课程；接着以预研的方式指导学生来孵化案例沙盒的实践成果，包括商业洞见、数据分析、技术应用原型等；在整个案例沙盒项目实施过程中，企业代表、指导教师、学生小组均全程参与。案例沙盒的教学成果则具体体现为对案例沙盒项目的环境解析、目标与框架的设计、关键思考点的提炼与分析，以及相应解决方案的制订与执行等。图 2-2 为案例沙盒教学的成果示意图。

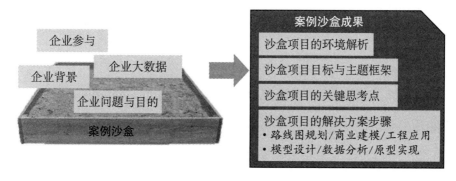

图 2-2　案例沙盒教学成果

此外，需要特别说明的是，目前许多高校开展的横向课题研究和项目开发，与案例沙盒有相似之处。但两者在目标上大相径庭。横向课题研究和项目开发由企业主导，且研究或开发的主题已定，高校直接参与企业真实的技术研发、产品开发和项目运营，其核心目的是直接解决企业面临的商业、技术和决策问题，特别是那些紧迫的问题。案例沙盒项目则由高校主导，由指导教师与企业共同确定案例沙盒教学的目标与主题，面向企业"重要非紧迫"的未来需求，将教学目的与预研问题相结合，进而设计案例沙盒的教学大纲并实施。案例沙盒教学不仅可以面向 MBA 学生和其他专业的研究生，还可以直接面向本科生的教学，更可以面向指导教师领导下的学生科研团队的教学与培养。与此同时，案例沙盒能够提供相对安全且接近真实的创新环境，对于激发学生的积极性和创造力大有裨益，因此，案例沙盒就如同一个预研成果和创新人才的孵化器，可以为现代企业提供源源不断的智力支持和人才储备。

2.2.2　SPS 案例沙盒教学方法的提出

根据案例沙盒教学模式的目标和特点，我们进一步将业已成熟的 SPS 案例研究方法[①]的结构化、实用化、情境化原则与之相结合，开展了一系列的案例沙盒教学实例探索，并将我们的操作经验和理论方法进行总结，由此开发出 SPS 案例沙盒教学方法（SPS Approach to Case Sandboxing for Teaching）。

如图 2-3 所示，该方法框架包括：基于 SPS 理念的三个指导原则，由两个阶段和九个具体步骤组成的操作流程，以及指导教师的两类角色要求。

---

① 潘善琳，崔丽丽 .SPS 案例研究方法：流程、建模与范例 [M] . 北京：北京大学出版社，2016.

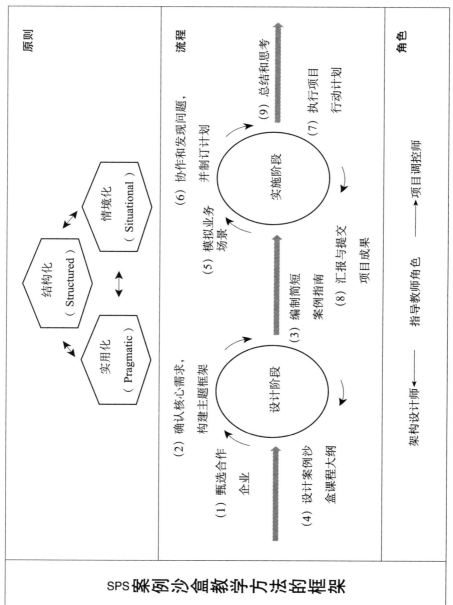

图 2-3 SPS 案例沙盒教学方法的框架：原则、流程与角色

首先，案例沙盒教学的结构化是指从选择合作企业到案例沙盒的课程设计，再到案例沙盒的课程实施，都必须事先进行结构化的构思，才能确保案例沙盒教学各环节有效衔接、有序完成。也就是说，需要采用结构化的思维去布局和考虑案例沙盒项目的目标和框架、关键思考点和教学过程。同时，在设计案例沙盒教学的内容大纲和成果要求的时候，需要思考如何保证问题的开放性以激发学生的积极性和创造力；在实施案例沙盒教学的过程中，需要有明确的操作过程以及参与人员的角色分工，包括指导教师、企业代表、学生小组等在不同阶段的任务要求。此外，在案例沙盒项目的里程碑节点和结项时，需要有明确的评判流程和评判标准。

其次，案例沙盒教学的实用化不仅在于梳理企业历史或者总结企业的最佳实践，更在于将企业正面临的真实需求或问题呈现给指导教师和学生，由指导教师引导学生将书本上的理论知识转化为实践能力，并努力促使案例沙盒项目成果能够为企业所用。因此，案例沙盒教学项目需要甄选能够激发学生好奇心和兴趣，且有实践创新意义的企业及其实际需求；然后根据教学目的和企业需求来逐步确定案例沙盒项目的主题，使其既符合实际又适合教学；再通过开发简短的案例及其附件形式来将企业实际情况有效地带入课堂教学，并通过邀请企业代表参与其中和引导学生主动调研来使得教学设计更加实用、有效。在案例沙盒教学的实施过程中，企业代表需要全程参与关键节点的互动，以保证教学的内容和效果更加应用；学生可以在案例沙盒环境中利用各种技术手段和工具，例如战略分析工具、大数据分析工具、仿真推演工具等，积极自由地尝试他们的新想法；同时，指导教师还可以在这个过程中发掘更多的学术研究问题，并在此基础上形成学术成果。

最后，指导教师为了确保案例沙盒的情境更贴近真实情况，需将企业代表邀请到教学课堂中，并将企业还面临的真实问题或需求变化同步传达给学生，为学生构建一个可感知的企业动态情境，这样更能够激发学生主动参与实践创新的积极性。在案例沙盒教学项目中应引入企业代表，甚至提供现场参观和体验的机会，让学生能够切身处地地感知企业的实际环境和技术的应用发展；此外，让教学面向企业的真实需求，将情境的动态性作为重要的考虑因素呈现给学生，指导教师应根据情境的动态变化来相机指导学生小组执行案例沙盒任务，例如引导学生自由探索解决方案，同时随时捕获实施过程中的有趣且有意义的变化，并随时进行目标和计划的调整。

可见，SPS 案例沙盒教学方法将教学与现实世界联系起来，让指导教师、学生、企业三方都可以从中获益。该方法提供了一个社会学习空间，学生可以在其中积极探索，讨论和了解书本内外的问题和知识；该方法提供了一个校企协作空间，学生可以通过学习知识和接受指导老师的引导参与相关项目，可以和企业代表进行研讨与协作，共同完成项目任务；该方法提供了一个实践与创新空间，学生在校期间就可以在指导教师和企业代表的指导下，参与解决复杂世界的真实问题，学习知识，实践知识，甚至创新知识。

2.2.3 SPS 案例沙盒是中国管理实践和教学方法的创新

随着新型工业革命的兴起，企业所处的竞争环境发生了巨大的变化，企业面临着前所未有的机遇和挑战。中国企业积极进行的实践创新，使得中国在这场工业革命中占有一席之地。其中，中国企业充分应用最新科技特别是移动互联网、云计算、大数据等数字技术，来支撑、驱动和管理企业的业务与运营。中国已经涌现了华为、腾讯、阿里巴巴、百度、中国移动、海尔等一批拥有先进的数字化商业实践的企业。这些企业又进一步推动了新兴科技与中国管理实践的结合，并在全国范围内有效地引发了新兴科技的创新扩散。同时，越来越多的中小企业和初创企业也都加入这个大潮中，中国企业的创新实践正呈现出蓬勃发展的态势，越来越多的领域创新者出现在我们身边。

这些企业对符合新型工业革命创新要求的人才需求也越来越强烈，然而，由于教育模式和教学方法的差距，人才需求的缺口依然巨大。因此，如何更好地融入中国企业管理模式的创新和发展进程，利用新兴科技带来的能力与机遇，培养和孵化能够紧跟时代潮流并具有创新能力的人才，来支持当今企业的创新实践，是教育界和企业界都非常关注的问题。

面对这些机遇与挑战，案例教学方法的推广在引导学生进行独立思考和分析方面取得了较好的效果。案例沙盒教学方法则更进一步地从引导学生积极参与企业实践，培养学生解决实际问题能力等方面，进行了十分有意义的探索。SPS 案例沙盒教学方法将案例教学与沙盒模式结合起来，并将其延伸到行动研究、案例研究、复盘培训等领域（如图 2-4 所示），从而将案例沙盒的教学、研究与实践有机地结合在一起。

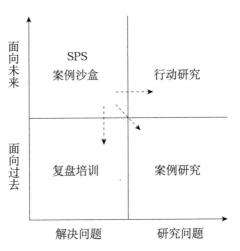

图 2-4 SPS 案例沙盒教学方法的延伸与融合

SPS 案例沙盒教学方法能够帮助指导教师快速、有效地将中国特色的创新实践问题同步到课堂上，该方法是对基于中国管理实践的教学方法的又一次创新。

首先，一方面案例沙盒模拟真实商业、技术与决策情境，将企业案例引入课堂，提出企业面临的现实问题与需求，激发学生主动参与解决实际问题的兴趣，另一方面案例沙盒项目的成果也能够为企业提供支持、参考和建议，而安全的实验环境又能保证沙盒项目不会对企业的实际经营造成直接影响。

其次，案例沙盒不仅是梳理企业历史或者总结企业的最佳实践，还将企业正在面临的需求或问题直接同步给学生。这让学生能够及时了解到真实商业社会的业务、技术和管理的发展趋势，同时使其能够真正地将书本上的知识与社会的需求结合起来，实现向实践能力的转化。

最后，案例沙盒还能够将工程技术知识有效地嫁接到案例教学中，由此，案例沙盒教学项目成果可以延伸到更为广泛的应用领域，包括集业务、技术和管理于一体的商业洞见、数据分析、技术应用原型等。

类似于三位德国知名教授 Henniing Kagermann、Wolfgan Wahlster、Wolf-Dieter Lucas 分别代表产业界、学术界、政策界通过跨界混搭合作提出"工业4.0"概念，SPS案例沙盒教学方法则是将企业、教师和学生三方跨界连接起来，打造一个多方受益的"产、学、研"校企合作生态系统：历次工业革命将人的创造力从固有领域中解放出来，而案例沙盒教学模式则将学生从传统的知识传授课堂带到了现实社会的实践；使老师从三尺讲台走向了校企结合的虚实混搭空间；让企业的实践探索和人才搜寻从聚焦市场竞争扩展到百花齐放的校企联合创新。

第 3 章
SPS 案例沙盒教学方法精要

3.1 SPS 案例沙盒教学方法的概念

SPS 案例沙盒教学方法概念，包含案例、沙盒、教学及 SPS 方法指南。

其中，案例是形式，沙盒是环境，教学是目标，SPS 方法指南是原则与操作流程。具体来说，SPS 案例沙盒教学将教学实践和企业实践结合在一起，通过解决实际问题来实现培养学生能力的目的。SPS 方法指南的原则体现了"结构化、实用化、情境化"的 SPS 理念，将案例、沙盒和教学的优势与目的整合起来；SPS 方法指南的操作流程则是按照 SPS 的理念进行案例沙盒课程设计与实施的具体教学步骤和关键工具。

3.2　SPS 案例沙盒教学方法的基本原则

SPS 案例沙盒教学方法的基本原则继承和发展了 SPS 案例研究的基本理念。

（1）结构化。从教师指导的视角需要进行结构化设计和实施。指导教师从合作企业的甄选到案例沙盒的课程开发，再到案例沙盒的课程实施，甚至是针对不同企业的课程定制，都需要事先构思，才能保证案例沙盒教育的各环节有效衔接、有序完成。具体包括案例沙盒的结构化过程，案例沙盒的结构化内容，以及案例沙盒的结构化成果。

（2）实用化。企业参与的视角需要进行实用化验证。指导教师开发的案例沙盒教学课程不仅是梳理企业历史或者总结企业的最佳实践，还将企业正面临的真实需求或问题同步给学生，指导教师引导学生将书本上的理论知识转化为实践能力。此外，案例沙盒项目的成果还可以为企业所用。具体包括实际问题和需求的来源，全程参与沙盒环境模拟，以及根据实践评价预研成果。

（3）情境化。从学生执行的视角需要进行情境化行动。指导教师将企业代表邀请到教学课堂，将企业面临的真实问题或需求变化随时同步给学生，为学生构建一个仿真的企业动态情境，从而激发学生主动参与实践创新的积极性。具体包括解决开放式现实问题，偶发事件的灵活性应对，以及安全环境下创新力的激发。图 3-1 展示了 SPS 案例沙盒教学的基本原则。

第 3 章 SPS案例沙盒教学方法精要 37

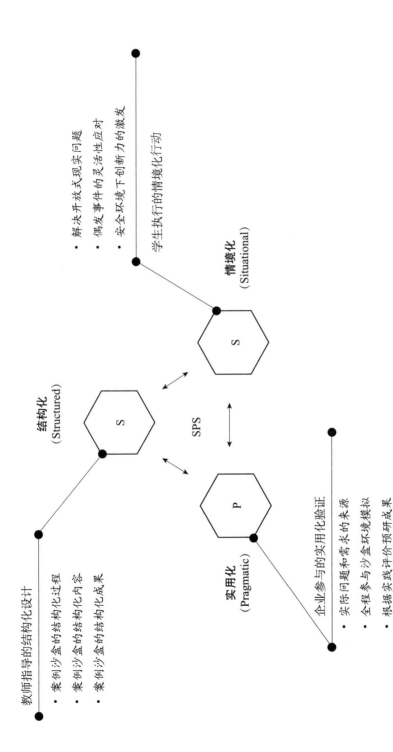

图 3-1 SPS 案例沙盒教学的基本原则

资料来源：Pan and Tan(2011),Demystifying case research:A structured-pragmatic-situational(SPS) approach to conducting case research. *Information and Organization*(21:3),pp.161-176.

3.3　SPS 案例沙盒教学方法的基本流程

SPS 案例沙盒教学方法的基本操作流程分为两个阶段和九个具体步骤，以及若干关键工具（在本书的第二部分中进行详述）。

1. 案例沙盒教学的设计阶段与指导教师的角色

- 步骤 1：甄选合作企业；
- 步骤 2：确认核心需求，构建主题框架；
- 步骤 3：编制简短案例指南；
- 步骤 4：设计案例沙盒课程大纲。

[**指导教师角色**]：架构设计师

指导教师在设计阶段中，主要与企业代表进行沟通和研讨，设计整个案例沙盒课程的框架、指南与大纲，以此作为案例沙盒项目实施的指导依据。

2. 案例沙盒教学的实施阶段与指导教师的角色

- 步骤 5：模拟业务场景；
- 步骤 6：协作和发现问题，并制订行动计划；
- 步骤 7：执行项目行动计划；
- 步骤 8：汇报与提交项目成果；
- 步骤 9：总结和思考。

[**指导教师角色**]：项目调控师

指导教师在实施阶段中，主要对项目执行过程中学生小组的行动、企业代表的参与，以及学生小组与企业代表的互动进行协调与控制，确保案例沙盒项目的顺利进行。

第二部分

SPS 案例沙盒：教学方法指南

第 4 章
SPS 案例沙盒教学的基本流程

4.1 SPS 案例沙盒教学方法的流程概述

SPS 案例沙盒教学方法将基本操作流程定义为九个步骤，并分为两个重要的阶段：设计阶段（步骤 1 至步骤 4）和实施阶段（步骤 5 至步骤 9）。同时，指导教师在上述两个阶段分别扮演架构设计师和项目调控师的重要角色。而在每个阶段中的循环可以多次迭代，以实现"需求—大纲—成果"的一致性检验；迭代次数则由指导教师根据案例沙盒教学项目的实际情境而定。SPS 案例沙盒教学的基本流程和核心角色如图 4-1 所示。

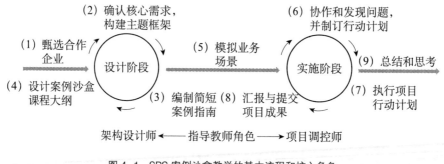

图 4-1 SPS 案例沙盒教学的基本流程和核心角色

SPS 案例沙盒教学的设计阶段有别于传统的教学案例开发，设计案例沙盒不仅是开发案例和使用说明书，还要围绕主题框架设计教学大纲，更重要的是体现案例沙盒整体的结构化、实用化和情境化。案例沙盒的设计阶段遵循"分→总→分"的思路：

（1）"分"。在甄选合作企业阶段，指导教师需要根据课程宗旨、目标和基本需求，结合行业特征来选择和洽谈合作企业，进而广泛收集和整理与合作企业有关的资料，并与合作企业进行深入探讨，收集和整理现状、需求、问题等大量零散信息，以便从中识别核心需求。

（2）"总"。根据合作企业的需求，提炼出核心需求。同时，指导教师需要根据这些核心需求构建案例沙盒教学的主题框架。其中，该框架提供了路线图规划、商业建模、工程应用等几个主题分类，指导教师可以据此将核心需求进行分类，以明确面向具体需求的教学目标，以及可实施的若干主题方向。

（3）"分"。根据不同的主题，指导教师可以针对当下的教学目标和学生情况选择相应的主题并设计课程大纲，或者设计多个主题课程大纲以便面向不同的教学目标和学生小组。在每个主题的课程大纲中，指导教师需要将核心需求再次分解成具体的细化要求即关键思考点，用以作为实施环节指导学生进行实践的内容。

（4）编制简短案例是衔接"分→总→分"逻辑的关键，即以案例的形式将企业的背景、现状、需求、核心主题、关键思考点等实际情况"埋藏"于一个简短案例中，并将相关参考数据以附件的形式与简短案例中的不同内容形成关联。由此，指导教师利用简短案例将真实的企业引入课堂，从而有效地将企业的实际情况、案例沙盒的主题框架、不同主题的课程大纲连接起来，使得案例沙盒教学更具有灵活性。

SPS案例沙盒教学的实施阶段区别于传统的案例课堂教学，案例沙盒的实施是以项目形式来执行面向某个主题的案例沙盒教学大纲，结合了教学课堂、企业环境和业务现场等活动。同时，它还区别于传统的横向课题研究和项目开发，面向教学、能力培养，以及创新预研和创意孵化。

（1）案例沙盒教学项目的实施过程不再限于课堂上的讨论和课后的作业报告，因此，指导教师需要引导学生，基于真实的业务场景，从企业的现状与需求分析入手，制订面向主题的行动计划，而后执行计划中的所有任务，并最终实现项目成果。也就是说，指导教师需要让学生体验一个完整的项目生命周期。

（2）案例沙盒教学项目的实施内容不再限于管理学领域的定性讨论，更重要的是面向实际问题的研究和解决，这就涉及多学科和跨学科的实践。因此，指导教师需要根据学生的不同专长来帮助他们组建合适的课题项目小组，使得学生的能力组合和能力培养可以拓展到定性、定量的分析与研究，工程技术甚至是新兴技术的知识应用等领域。

(3) 案例沙盒教学大纲的重点在于确定问题与方向，但没有现成且唯一的答案蓝本。这就需要指导教师通过协调和控制，使得学生以项目小组的形式进行探索和开发，主动发掘问题，寻找各种可能的解决方式，并且利用所学习的综合知识执行和实现具体的解决方案与目标。通常不同学生项目小组的成果会存在差异性，这也正是面向教学、能力培养，以及创新预研和创意孵化的教学意义所在。

4.2　SPS 案例沙盒教学方法的关键工具

为了使 SPS 案例沙盒教学的基本流程更具可操作性，我们对已成功完成的案例沙盒教学实例中的操作经验和关键要素进行了总结，并提供了面向每个操作步骤的关键工具（如图 4-2 所示）。

步骤 1：甄选合作企业。选择有意义且有趣的需求和企业，有利于激发学生的好奇心与兴趣，同时也能够满足案例沙盒教学的要求。因此，步骤 1 的关键在于对案例沙盒教学的定位，可用的工具包括问题定位、适配学生的三要素、组织选择的三模式及说服组织的三要素。

第 4 章 SPS案例沙盒教学的基本流程　　45

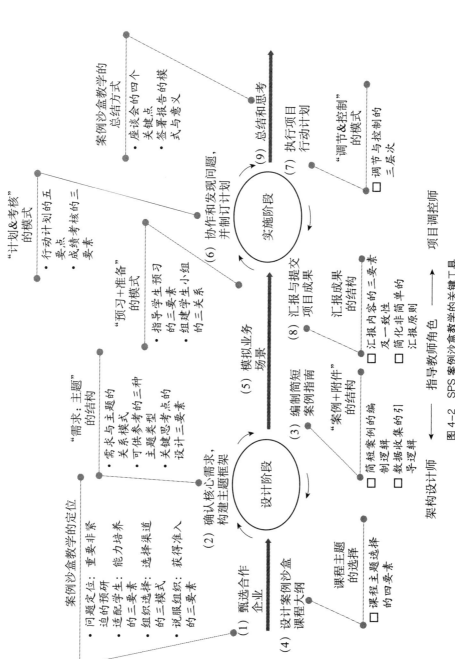

图 4-2　SPS案例沙盒教学的关键工具

步骤2：确定核心需求，构建主题框架。指导教师应识别合作企业的核心需求，并将其与案例沙盒教学的宗旨和目标结合起来，为案例沙盒课程设计主题框架。因此，步骤2的关键在于"需求：主题"的结构，可用的工具包括需求与主题的关系模式、可供参考的主题类型及关键思考点的设计三要素。

步骤3：编制简短案例指南。指导教师根据主题框架开发一个简短案例（一般为3 000字左右），收集各种相关参考数据（以附件的形式链接简短案例的内容），作为将企业实际情况带入课堂的教学指南工具。因此，步骤3的关键在于"案例＋附件"的结构。

步骤4：设计案例沙盒课程大纲。指导教师根据课程目标和学生情况，选择相应的主题并设计详细的课程大纲，作为实施阶段的执行依据。因此，步骤4的关键在于课程主题的选择。

步骤5：模拟业务场景。指导教师与企业代表再次确定项目场景，学生进行课前预习，指导教师引导学生组成小组并进行初步讨论，各小组形成问题列表。因此，步骤5的关键在于"预习＋准备"的模式，包括指导学生预习的三要素、组建学生小组的三关系。

步骤6：协作和发现问题，并制订行动计划。指导教师应协调企业代表与学生小组进行沟通和深度研讨，引导学生小组发现问题并有针对性地制订项目行动计划和项目报告大纲。步骤6的关键在于"计划＆考核"的模式，包括行动计划的五要点、成绩考核的三要素。

步骤7：执行项目行动计划。学生小组执行项目行动计划，指导教师跟踪和监控学生小组的任务执行情况，并给予必要的协助和协调。各小组执行并完成项目，制作项目成果的展示方案。步骤7的关键在于"调节&控制"的模式。

步骤8：汇报与提交项目成果。学生小组向企业代表和指导教师展示项目方案及成果，评审小组提出评审意见，学生小组形成最终的项目报告。步骤8的关键在于汇报成果的结构，包括汇报内容的三要素及一致性、简化非简单的汇报原则。

步骤9：总结和思考。召开总结会议，指导教师、企业代表对案例沙盒教学项目的全过程进行点评，学生小组对案例沙盒教学项目进行思考与讨论。指导教师与企业代表联合签署案例沙盒教学结项报告。步骤9的关键在于总结方式，包括座谈会的四个关键点、签署报告的模式与意义。

4.3　SPS案例沙盒教学方法的核心角色

案例沙盒教学的目标是培养符合新型工业革命和产业要求、具备综合素质和满足专业复合型要求的人才，因此，案例沙盒教学项目中的知识运用也不再限于某个学科或某个专业，项目中的学生小组将会由拥有不同专长的学生组成，或者学生能在不同小组中找到自己的专长定位，培养学生之间的协同能力也更为重要。可见，案例沙盒教学对指导教师的综合素质也提出了很高的要求，指导教师的角色定位在案例沙盒教学中极其重要。在SPS案例沙盒教学方法中，指导教师的角色被重新定位：指导教师的核心作用在于整体把控特别是对案例沙盒教学的架构设计和实施调控，以保证案例沙盒教学项目中"目标—行动—结果"的一致性，以及维护"指导教师—学生小组—企业代表"三者之间的协同性。

在设计阶段，指导教师是架构设计师。指导教师的主要职责是设计整个案例沙盒教学项目的架构。具体工作包括：与企业代表进行沟通和研讨，选择适合的企业和案例沙盒主题方向，设计整个案例沙盒课程的框架、指南与大纲，以作为案例沙盒项目实施的指导依据。在此过程中，指导教师团队（包括核心指导教师和助理指导教师等）首先要面对企业和企业代表，要能像沟通专家和分析师一样，充分了解备选企业的现状、问题和需求，包括企业的业务模式、盈利模式、运营模式、交付模式和相关的基础设施。指导教师在说服企业以实现案例沙盒教学项目准入的同时，更需要有效地将企业的需求和教学的目标进行有效的匹配，保证主题框架、指南与大纲的合理性和可操作性。

在实施阶段，指导教师是项目调控师。指导教师的主要职责是协调和控制案例沙盒的整个教学过程。具体工作包括：协调学生小组的行动、企业代表的参与，以及学生小组与企业代表的互动；实施案例沙盒教学项目的进度、质量、变更和文档等方面的管理。在这个过程中，指导教师团队要同时面对企业代表和学生小组，要能像咨询师或监理师一样，具备灵活跨越三者边界的能力和策略，实时把控案例沙盒教学项目进度中的关键节点，及时发现案例沙盒教学项目过程中的质量问题，适时调整案例沙盒教学项目的变化要求，随时指导学生做好文档管理等规范化工作。其中，指导教师需要引导学生小组和企业代表相互理解对方的问题和需求，同时又不能过多地干预他们之间的沟通及内部讨论，即在掌握案例沙盒教学项目的实施方向的同时，又能保证学生小组工作的自主性和原创性。

可见，案例沙盒教学创新的关键在于指导教师合理引导与启发学生主动学习和运用知识解决实际问题。因此，指导教师已不能再扮演以前"知识库"的角色，而应通过新型的教学方法和自身的经验来引导学生们使用互联网、大数据、云平台等信息时代的"万能知识库"，启发学生自主灵活地利用这些知识与真实的应用场景进行交互，解决实际问题。因此，可以说，案例沙盒教学方法不仅有助于培养学生的能力，更有助于提升指导教师的能力。若要改变受教育者，先要改变教育者自身，指导教师的核心角色变革就是面向人才培养的供给侧改革！

第 5 章
SPS 案例沙盒教学方法的设计指南

5.1 甄选合作企业

甄选有趣、有特色、有实际意义并符合教学目的的合作企业，是案例沙盒教学的首要工作，这直接关系到学生对于该课程的兴趣、参与热情和持续努力。

SPS 案例沙盒教学基于真实的商业、技术和决策情境及开放性的问题和需求，以生动且接近真实的案例主题设计，通过"案例沙盒项目实验室"的模式，创造一个"安全的实践和创新环境"，让学生以恰当的身份和方式参与企业的创新实践。可见，在案例沙盒教学的设计阶段之初，指导教师及其所在的高校院系，需要认真选择合适的商业、技术和决策的情境和问题，这是作为甄选合适的合作企业的首要任务。同时，指导教师需要进一步识别该企业的具体问题和需求能否满足案例沙盒教学的目标和要求。此外，指导教师还需要扩展不同的合作企业寻找途径和选择渠道，并且需要想方设法地获得企业的准入许可和亲自参与。

因此，甄选合作企业的关键在于做好案例沙盒教学的"定位"，这些度的把握可以采用以下几个关键工具：重要非紧迫问题的预研定位，学生能力培养的三要素，组织选择渠道的三模式，以及说服组织获得准入的三要素。

5.1.1 问题定位：重要非紧迫的预研

案例沙盒教学不同于现有的文本案例教学，合作企业的选择标准不再是该企业是否已经实施和完成了所在行业的某种最佳实践，或者该企业是否有相应的历史经验可以总结，而是依据该企业所面临的商业、技术和决策问题及相应需求。在此基础上，案例沙盒教学的首要目标是保证所选的案例沙盒问题不仅能够适合指导教师和在校学生进行教学实践，而且必须是企业的关注点，从而吸引企业参与到教学实践中。同时，所选的问题在实践过程中应给予教学一定的宽松环境，但不能影响企业正常的业务运营。

我们可以采用时间管理优先矩阵（Time Prioritization Matrix）来判断案例沙盒的问题定位。如图 5-1 所示，矩阵由"重要性—紧迫性"组合来表示：①重要且紧迫的问题或需求：属于企业需要立刻去做，并且企业需要集中核心资源与能力来解决或实现的；②重要非紧迫的问题或需求：属于企业一定要做，但并非一定要立刻解决或实现的；③非重要但紧迫的问题或需求：属于企业需要立刻做，但不一定要动用自身资源，而是可以外包给其他组织或人员来解决或实现的；④非重要且非紧迫的问题或需求：属于企业可以不关注或不做的。

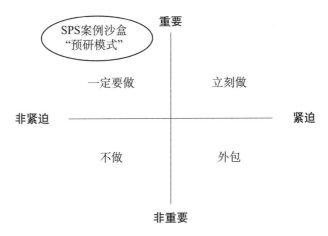

图 5-1　SPS 案例沙盒教学的研究问题定位

根据该矩阵可知，紧迫的问题需要企业立刻解决，如果将其作为案例沙盒问题，这需要学生们直接参与企业的技术研发、产品开发或项目运营，这些都会给企业和高校带来风险，降低企业给予案例沙盒教学项目准入的可能性，并给指导教师和学生们带来很大的压力，尤其是重要且紧迫的问题。与此同时，对于非重要的问题，企业并不关注，如果将其作为案例沙盒问题，这会影响企业参与案例沙盒教学的重视程度和积极性，并影响案例沙盒教学项目对学生们的吸引力和教学效果。因此，相比较而言，重要非紧迫的问题是企业关注度高，需要投入内部资源，愿意花费一定时间来寻求、培养和孵化外部资源和创新创意，并且有探索价值的。可见，这些问题的价值高，且具有较高的时效性和前瞻性，非常适合高校以"预研"的方式参与解决过程。特别指出的是，我们通过研究已经成功完成的案例沙盒教学项目发现，高校学生的创造潜力无限，"重要非紧迫的问题预研"模式为指导教师和学生们提供了一个真实的、宽松的、相对安全的环境，十分有利于培养学生解决真实的、有意义的问题的能力，更能为企业带来意想不到的创意和创新。同时，企业及其员工常常忙于紧迫的事情，虽然不少企业有自己的研究机构，但人力和能力都有一定限制。案例沙盒教学带来的校企结合模式，不仅不会影响企业的正常经营，还很有可能收到促进其业务、技术和产品发展的效果。甚至于案例沙盒教学最初级的成果如国际相关成功案例的收集、翻译和分析等，对企业来说都是一笔不小的收获。

设计指南中的"需求：主题"结构框架和简短案例指南（详见5.2节和5.3节）是案例沙盒教学的重要环节，充分体现了案例沙盒教学面向重要非紧迫问题的模式定位。指导教师将企业的重要非紧迫的问题进行"需求：主题"的结构化表述，并在简短案例指南中展现需求全貌。这样，指导教师在设计课程的时候，可以选择适合当前教学对象和教学目标的主题来制定课程大纲。同时，学生小组还可以在案例沙盒教学的实践过程中进行灵活调整，或者重新选择需要研究的主题和需求，甚至可以发现新问题、新需求以拓展更有价值的研究主题。

5.1.2　适配学生：能力培养的三要素

案例沙盒教学方法面向学生的未来发展，注重学生面向真实问题的知识运用和实践创新的能力培养。若要实现这个目标，在选择合作企业的时候，不仅需要进行问题定位，而且需要适配学生的能力。在适配学生能力培养方

面,需要考虑以下三个因素:

1. 对学生的吸引力

兴趣决定了学生能否积极有效地投入案例沙盒教学项目的学习实践。因此,待选企业所在的行业及其业务的特点需要足够有趣以激发学生的好奇心和关注度,引起学生主动且持续参与的兴趣,启发学生的深度思考并促进学生的亲身实践。

2. 学生能力的可达性

指导教师需要评估,通过案例沙盒教学实践的训练和培养,待选企业的问题和需求的大部分内容是在学生能力的可达范围内,即保证学生在案例沙盒教学项目实施的时间内,能够完成既定任务并寻求一定的创新突破,解决合作企业在其现有体系约束、时间约束和环境约束下难以解决的预研问题。值得说明的是,这个可达范围是一个可能性的估计,只要有可能,我们就建议指导教师可以大胆地尝试。

3. 学生能力的可扩展性

指导教师应尽量选择集合商业、技术和决策等问题在内的综合型前沿问题开展案例沙盒教学,这不仅能让学生锻炼能力,更能让学生跟上时代的潮流,较为全面地了解社会和企业的发展动态,进而提升学生参与案例沙盒教学项目的兴趣和信念。综合型前沿问题往往背景丰富,指导教师可据此设计更多的课程主题供不同的课程大纲进行选择(每个课程大纲可以聚焦于一个或若干个主题),同时,在学生研究某个主题问题的时候,丰富的背景也会带来更多的思考和创意。

例如,我们已经完成的案例沙盒教学项目涉及了区块链技术等新兴技术的商业应用、智能停车场系统等智慧城市的行业热门话题、会员积分整合运营体系等共享经济的有趣商业模式、企业创新转型等路线图规划的集团生态体系等内容,这些都极大地激发了学生的热情和持续参与,并且能较好地与学生能力相匹配,点燃了他们应用知识、实现创新突破的激情。

5.1.3 组织选择:选择渠道的三模式

案例沙盒教学所涉及的合作组织包括企业、政府及社会公共部门、非营利组织等。考虑到组织准入的难度和研究问题的开放性,较为适合的合作组织以企业和非营利组织(如社会企业)居多,政府及社会公共部门的准入则需要考虑更多的因素,此处不再赘述。

选择合作组织需要基于指导教师及其所在学校和院系的资源拥有情况。一般情况下,可以通过(但不限于)以下三种渠道获得合作企业资源(如图5-2所示):

(1) 明确表达合作意愿,重点阐述案例沙盒教学对企业的贡献与意义
(2) 事先做好充分了解,保证有效的沟通且避免对企业不必要的打扰

图5-2 合作组织选择渠道的三种模式

1. 初创辅助模式

根据当前的商业、技术和社会的发展和态势,合作组织可以选择在新型

商业模式或新兴技术应用上面临一些难题的初创企业。这些企业由于处在初创期，在许多方面存在一定的缺失，这给案例沙盒教学项目提供了很大的合作空间。然而，选择这类企业对于指导教师的挑战是，指导教师需要在业界和学术界均有一定的经验积累，能够区分企业急需解决的紧迫问题和更为长远的预研问题。前者由于市场紧迫和业务变现的压力，不太适合案例沙盒教学的预研模式，据此，指导教师应关注重要的预研问题（它们在商业应用上会有几个月的缓冲期），例如后文范例中提到的智能停车场的车位资源调度模型等。

2. 知名关系模式

寻找并选择在全国甚至世界范围内具有一定知名度，且行业中具有探索和创新意愿的大型企业。这类企业由于有广泛的知名度，能够直接引发学生的主动关注。学生能够参与这类案例沙盒教学项目，在他们日后的工作简历中也能写下浓墨重彩的一笔。获得这种企业的准入许可主要依赖于指导教师甚至所在院校的商业和人际关系。这种关系有的时候是可遇不可求的，但是一旦获得这样的机遇并且在教学实践中展现了案例沙盒教学的价值，那么，该企业将很可能会持续、大力度地提供可以合作的案例沙盒教学项目。我们关于数字化转型战略研究和积分运营平台商业模式设计的案例沙盒教学项目就属于此类。

3. 深耕推荐模式

基于上述两种选择和实践，接下来我们一方面可选择在所合作的企业继续深耕下去；另一方面则可以进一步利用合作企业的业务关系，经这些企业的推荐,向其合作伙伴和相关机构延伸,寻找更多的案例沙盒教学项目的机会。其中,特别指出的是,从事咨询业务的企业、集团型企业及其子公司,以及高校的 MBA/EMBA 班,都是案例沙盒教学项目的丰富案例来源。咨询型企业由于本身就是为众多行业的企业服务的,而且该类企业本身就具有研究与实践相结合的性质,同时可以与高校体系互为补充,是案例沙盒教学模式天然的、优质的合作资源。集团型企业及其子公司就是一个有着密切内部关系的多元化企业组织,案例沙盒教学的成功范例很容易在该组织中形成口碑效应,从而带来更多的案例来源。高校学生及其所在的企业则是高校的直接资源,可以将案例沙盒教学模式直接引入 MBA/EMBA 班,并逐步扩展到其他类型的研究生教学、研究生实验室和科研团队的教学中,甚至本科生的课程设计中。

5.1.4　说服组织:获得准入的三要素

指导教师选择合适的合作组织之后,还需要获取组织的准入许可。寻求合作组织的准入许可不是一个简单的过程,至少需要注意以下三点:

1. 明确来意并让合作组织预感受益

在第一次与合作组织沟通时,指导教师需要明确提出合作的意愿,重点阐述案例沙盒教学成果对于合作组织的贡献和意义。特别是,要清楚地说明案例沙盒教学的目的是面向合作组织的预研问题,让合作组织感知其未来的获益点,同时避免合作组织将当前的紧迫需求作为合作条件,避免产生不利的结果和影响。

2. 充分准备并向合作组织清晰表述

指导教师在与合作组织接触之前，需要做好充分的准备，尤其是通过收集和整理足够的资料来了解合作组织的现状、问题和需求，并基于此提出一个初步的课程计划，包括合作的意愿、目的、可能的预研方向及贡献，以便能和合作组织进行有效的沟通。同时，指导教师应清晰地列出需要合作组织给予支持的资源列表，从而避免后续合作过程中对合作组织造成不必要的打扰。

3. 让合作组织认识到学生的力量

合作组织对于高校特别是学生的能力往往持有一定的偏见，因此，减少和消除这种偏见是获得准入的重要因素。我们从成功实施的案例沙盒教学项目的成果中深刻体会到，被有效激发的学生能力远远超出了我们的想象。其实，学生与职员之间只有"一天之隔"，毕业前一天是学生，毕业后一天就是职员。上班第一天的职员往往就要开始迎接实践的挑战，学生与职员的区别就在于"心理准备"。案例沙盒教学方法便是通过指导教师来调整学生的这种心理准备，使其在进入社会之前就迎接实践的挑战。此外，众包模式也给了我们很大的启发，例如：David Baker 通过著名的"Foldit"在线蛋白折叠游戏，引入几十万普通玩家（即草根用户），在 15 天之内解决了困扰学术界 15 年的难题。案例沙盒教学则是集合社会潜在的高智力资源（高校学生）来给企业预研问题做"众包"，同时还为企业培养和储备未来所需的人才，企业何乐而不为？

5.2 确认核心需求与构建主题框架

在与合作企业达成合作意向之后，就可以为确定案例沙盒的主题框架做准备了。这一步骤的重点在于建立合作模式、收集资料和梳理需求：

（1）建立合作模式。这是指由企业代表与指导教师组成案例沙盒教学的指导小组。其中，企业代表一般可以有两种形式，一种是由一个总代表（类似于校企合作总监）来协调企业内部各种资源，跨越企业与高校的边界，该形式适用于企业业务及其需求较为复杂的情境；另一种是由面向不同类型需求的若干企业代表（类似于不同的项目经理或产品经理）分别协调各自部门的资源，跨越企业和高校的边界，该形式适用于企业业务及其需求的边界较为清晰的情境。

（2）收集相关资料。指导教师在获得企业准入许可之前已经收集了大量的企业相关资料和信息，主要来源包括报纸、杂志、报告、报道和其他网络媒体的二手资料。此时，指导教师需要协同企业代表对上述资料进行筛选，挑选出与企业需求相关的二手资料并做相应的补充。同时，企业代表也将提供相应的企业内部资料供指导教师参考和整理。特别需要注意的是，为了确保合作的顺利和持续，高校和企业之间需要签订保密协议，并对企业内部的资料和企业提供的需求信息进行严格的保密。

（3）梳理繁杂需求。企业提供的需求和资料往往是多、杂且零散的，这是因为案例沙盒涉及的问题特别是与预研相关的问题，对于企业来说，往往是不容易清晰说明的；否则，以企业的组织能力，问题早已迎刃而解或至少在解决之中了。而长期处于研究前沿的高校非常擅长于这种多、杂且零散信息和资料的梳理与总结，因此，梳理繁杂需求是制定案例沙盒课程大纲的先导工作。指导教师需要将这些需求进行分类，并构建相应的主题框架，以便进一步与企业代表确定具体的案例沙盒教学目标与任务。

企业的核心需求和案例沙盒的主题框架来源于对企业繁杂需求的详细梳理以及与企业代表的深度沟通，是制订案例沙盒的简短案例指南与教学大纲的基础，更是指导教师用于调控整个案例沙盒教学实践过程的主线依据。因此，指导教师需要在企业给出的众多资料和信息中，识别和确认出企业的核心需求，并将其与案例沙盒教学的宗旨和目标结合起来，为案例沙盒课程设计主题框架。其中，特别值得注意的是，为了引导学生主动探索和发现问题，当企业的核心需求和案例沙盒的研究主题被识别出来后，指导教师又需要重新将其"埋藏"到后续编制的简短案例指南和案例沙盒课程大纲中，而不是作为答案直接提供给学生小组。

由此可见，理解和运用"需求∶主题"的结构关系是该步骤中的关键工作。

5.2.1 需求与主题的关系模式

众多零散的需求和资料从另一个方面反映了案例沙盒教学面对的企业问题的全貌，一旦核心需求被梳理和识别出来，问题的全貌也就被结构化地梳理出来了。由此，核心需求是针对案例沙盒问题的相关需求，按照人、财、物、产、供、销等专业领域进行分类，以清晰界定需求的专业归属和相互关系。这里不仅要对需求进行分类，还要对其进行概念化描述，以统一术语和理解。研究主题是案例沙盒教学目标任务的分类，主题框架可以是事先构建好的不同任务的分类架构。例如，案例沙盒的研究主题可以是路线图规划、商业建模、工程应用等不同的任务方向，不同的研究主题将会涉及不同的专业知识和工具。特别需要注意的是，需求和主题体现出来的研究问题是开放性的，没有固定的答案，并且可以细化扩展出若干关键思考点。指导教师在编制课程大纲的时候虽然需要选定案例沙盒主题，但是可以在实施过程中根据现场情况进行灵活协调以控制其中的关键思考点，甚至可以调整主题（虽然这种情况并不多见）；同时，学生时常会迸发许多意想不到的创意，甚至扩展出新的有价值的思考点，这是非常值得鼓励并且需要被保护的。

因此，企业的核心需求和案例沙盒的研究主题之间一般是多对多的关系，具体来看：

(1) 一个核心需求可以反映在不同的研究主题中，一个研究主题可以囊括多个核心需求。这是因为企业的核心需求之间是相互关联且盘根错节的，任何一个主题都不可能完全隔绝其他需求，当然，不同的需求在某个主题中的主次可能有所不同。

(2) 确定了主题框架，便可以根据不同的主题来组织不同的课程大纲。一个课程大纲可以包含一个或若干个研究主题，这取决于课程的目标、学生的能力和课程时间的安排。

(3) 由于核心需求的关联性，需要一个集合所有核心需求的简短案例及其相关附件组成的案例指南来做引导。这样，就可以实现案例沙盒教学的一个框架设计可以适用于案例沙盒教学的多类课程的目标。

（4）针对案例沙盒的每个研究主题，还需要进一步识别多个关键思考点，并提出预期成果。这些是指导教师与企业代表研讨后形成的具体需求的聚焦点，是根据核心需求对研究主题的任务细化，以及通过教学活动所预期达到的具体结果要求。

核心需求、主题框架和关键思考点的关系如图5-3所示，这将是整个案例沙盒教学的主线。按照"分→总→分"的设计思路，这条主线上的多个主题涵盖所有需求，一是保证了案例的完整性；二是保证一次设计可多次使用；三是保证可延续性，即面向业务需求的动态变化。我们可以依据主线持续跟踪和改进原有的设计。

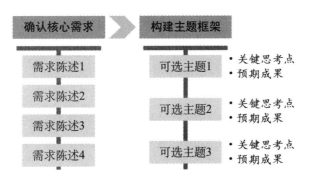

图5-3　核心需求与研究主题的框架关系

5.2.2　供参考的三种主题类型

核心需求是对企业所面临的各种问题和需求的分类，一般来说，它按照人、财、物、产、供、销等专业领域进行分类，以清晰界定需求的归属和相互关系。常见的企业核心需求的聚焦点参考如表 5-1 所示。

表 5-1　企业的核心需求的专业分类

专业领域	常见的核心需求的聚焦点参考
企业战略管理	业务战略、治理结构、组织框架、关键流程、IT 战略、绩效管理……
人力资源管理	招聘、培训、激励、薪酬、绩效、能力素质……
企业文化管理	愿景、授权、团队建设、核心价值观、变革、客户至上、组织学习……
财务管理	核算、预算、成本、资金、评估、内控、风险、战略性利润……
项目管理	项目风险、项目质量、项目沟通、知识转移……
供应链管理	传统物流与供应链、供应链的客户化模式、供应链的一体化模式……
市场营销管理	品牌、产品、市场、客户、竞争、价格、分销、市场调查、广告与促销……
客户关系管理	客户、渠道、产品、消费者行为、销售流程与行为、服务管理……
知识管理	知识分类、知识评估、知识共享、知识管理……
信息系统	业务、数据、技术、应用集成、AI 及决策支持、新兴技术运用……

研究主题是案例沙盒教学目标任务的分类，主题框架可以是事先构建好的不同任务的分类架构。我们依据已经成功完成的案例沙盒教学项目，推荐路线图规划、商业建模、工程应用等三个主题的分类（如图 5-4 所示），但不限于此。

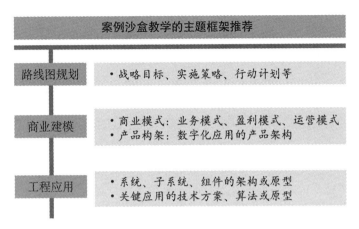

图 5-4　案例沙盒教学的主题框架推荐

1. 路线图规划类主题

路线图规划类主题包括我们常说的顶层设计、总体规划、专题规划等，主要是针对企业级目标进行的全业务或重点领域的策划，需要体现战略目标、实施策略和行动计划等方面的内容。路线图规划类主题需要运用综合的业务、技术和管理知识，因此，建议选择重点领域的专题规划作为切入点，可以降低难度，以达到教学效果。例如，案例沙盒教学范例中的马来西亚某集团的路线图规划，聚焦于该集团的零售与创新领域的数字化转型战略，主要进行其数字化转型路线图的预研。

2. 商业建模类主题

商业建模类主题包括我们常说的商业模式和广义的产品设计，主要是针对企业某一领域未来的业务模式、盈利模式、运营模式，以及可能的产品架构特别是数字化应用的产品架构进行预研。例如，案例沙盒教学范例中的中国某公司积分运营商业模式，主要聚焦于综合型会员积分运营的商业模式及其平台产品定位的预研。

3. 工程应用类主题

工程应用类主题将工程技术引入案例教学，主要针对某个具体商业问题，由学生完成从业务分析到关键技术实现的全过程，因此，这类主题更加需要聚焦在某一个业务应用上。例如，案例沙盒教学范例中的中国某智慧城市智能停车场系统，主要聚焦于智能停车场系统中的停车位资源调配模式与算法的预研。

5.2.3　关键思考点的设计三要素

案例沙盒教学的研究主题所对应的关键思考点可以有很多，这需要指导教师根据实际情况进行分析和判断。因此，在选择主题方向、设置案例沙盒教学主题框架及其关键思考点时，主要依据有以下三点：

1. 企业需求

从"重要非紧迫"的问题定位可知，企业的紧迫问题一般不适合校企结合的案例沙盒教学模式，"重要非紧迫"的预研问题才是案例沙盒教学关注的焦点，这也是构建接近真实且安全的实践环境的基础，而相对宽松的环境也更有利于学生的实践和创新。与此同时，问题和需求的数量可能会有很多，需要突出重点。因此，指导教师还需要进一步针对预研问题进行优先级识别，这需要与企业代表一起找出重要级别较高的研究主题和关键思考点。

2. 学生能力

在甄选合作组织的时候，指导教师和企业代表已经进行了"度"（具体核心需求的复杂程度和实际难度）的初步评估。在这里，则需要根据这个"度"，来判断每个主题可以设计哪些关键思考点，以便适合学生进行操作，甚至有可能出现创新点。特别要指出的是，指导教师在充分了解学生能力的同时，也要大胆地信任学生的潜力。已有的成功实践告诉我们，一旦兴趣和热情被激发出来，处于数字化时代的学生，接受新思想、新思维、新技术的能力，与他们渴望挑战和解决问题的能力相融合，会释放远超我们想象的巨大潜力。因此，案例沙盒教学也可以说是对指导教师思想观念的一次创新和突破。

3. 课程要求

所选择的企业需求和研究主题需要在一个课程周期内完成（如 8 周），因此，学生执行和企业代表参与的时间约束也是一个重要的考虑因素。例如有的主题看似非常有意义或有挑战性，但课程时间难以满足，这也会影响到主题和关键思考点的选择和设计。由此可见，指导教师需要在众多因素中进行权衡取舍，这十分考验指导教师作为架构设计师的能力。

5.3 编制简短案例指南

案例是将企业实际情况带入课堂教学的最佳方式之一。传统的案例教学中，案例文本篇幅冗长，往往难以吸引和聚焦学生的注意力，也难以激起学生主动参与的兴趣。我们在全球数字化赋能计划（Digital Enablement Project，DEP）中成功地实践了短案例模式，目的是让读者可以快速阅读并获得案例中的关键信息。我们将短案例模式引入案例沙盒教学，并以"案例+附件"的形式来组织相关资料，形成"简短案例指南"，目的是便于指导教师能够在较短时间内构建一个情境指南，即指导教师可以在确定企业的核心需求和案例沙盒的主题框架之后，撰写3 000字左右的简短案例，并针对重要内容辅以附件材料的形式，作为整个教学初期的企业情境指南。

由此可见，于指导教师而言，简短案例与长篇幅的案例相比，所需的撰写时间较短，只需要依据核心需求和主题框架撰写案例原文，不需要设计固定的思考题。这在一定程度上降低了对指导教师的案例撰写技能和经验的要求，提高了案例沙盒的可操作性和操作效率，并且保证了案例沙盒教学的开放性。然而，这也给指导教师带来了新的挑战，即需要沿着主题框架精心设计简介、业务概述及每个案例场景的描述，尽快地将学生带入仿真的企业情境，激发学生积极探究的渴望，进而集中注意力，不断萌发灵感和创意。此外，从吸引学生的注意力到让学生充分思考，还需要更多的数据和信息。因此，指导教师还需要将与案例场景相关的数据和信息整理成附件，并提供必要的案例索引，保证所有附件都能够为学生所使用。需要特别指出的是，这些附件作为案例沙盒教学的课前预习材料发放给学生，同时也可以让学生们直接感知和学习到指导教师收集和整理相关资料与信息的手段和方法。学生们有了这些体验，便可以独立自主地收集补充资料，锻炼自己关于资料信息收集和整理的能力。

综上所述，简短案例指南不是一个生搬硬套"案例文本＋思考题＋最佳实践参考答案"的教科书，而是对企业现状和问题的开放性描述，其呈现形式为"案例＋附件"。该指南覆盖了企业的所有核心需求，保证了企业情境的完整性，链接着企业的核心需求和案例沙盒的研究主题，这使得简短案例指南可以重复使用于面向不同主题的课程大纲中。由此可见，简短案例指南在案例沙盒教学中扮演着承上启下的关键角色，因此，简短案例指南的编制工作对于案例沙盒教学的成功实施而言至关重要。

5.3.1 简短案例的编制逻辑

简短案例的编制原则是"小而全"，重点是面向整个主题框架，精练地设计每个场景描述，保证核心需求的全貌（如图5-5所示）。具体来说，简短案例的内容主要包含企业背景、反映核心需求的业务场景以及相关陈述，企业的核心需求将"埋藏"于简短案例中，并充分利用各种附件资料及相关的教育科技手段，便于指导教师将学生最大限度地快速带入企业的真实情境并认识企业的现状与问题，继而让学生自主地、有目的地开展课前的预习和准备工作。同时，学生还可以快速结合附件内容，进行深入的需求挖掘和主题分析。

```
                                              案例沙盒短案例模板
  CASE·SERIES
                                          Case Sandboxing - 0XY
                                                    October 2016
  姓名
  单位
              马来西亚BJ集团零售与创新业务转型
  摘要：马来西亚BJ集团……
                     全文导读图
           案例来源      马来西亚BJ集团
           关键词       转型、数字化转型
           分析单位      集团企业的业务板块
           主要内容      企业转型中的问题与数字化需求
  马来西亚BJ集团简介与业务概述
       马来西亚BJ集团是……
  BJ集团零售与创新业务转型案例场景描述（分别聚焦相应的核心需求）
       (1) 场景1：关于BJ集团数字化转型战略的访谈陈述摘录
       描述1：……
       描述2：……
       (2) 场景2：关于BJ集团零售与创新业务发展策略的访谈陈述摘录
       描述1：……
       描述2：……
       (3) ……
```

图 5-5　案例沙盒教学的简短案例模板

因此，指导教师需要在与企业代表确定核心需求的基础上，精练地编写一个有效的案例说明，并在编写过程中反复与企业代表进行沟通，以保证案例内容的全面性和准确性。

1. 简短案例的内容基本要求

（1）简短案例指南中的描述应该涵盖企业的现状与核心需求，并提供对相关附件的索引。

（2）简短案例指南的场景应该对应案例沙盒的主题框架，以及后续的案例沙盒教学课程大纲。

（3）简短案例指南的简介、业务概述和场景描述需要体现出隐含的主题框架、核心需求及其之间的逻辑性。虽然研究主题各有不同，但在每个主题中，企业的现状与需求都会存在或多或少的相互关联，它们是不可分割的整体，影响着分析人员对问题判断和解决方案设计的可行性。

2. 简短案例的内容描述

（1）简短案例的内容描述应言简意赅、直入主题，同时又需要"隐藏"核心需求以便学生进行分析和挖掘。因此，需要适当引用企业主要人员的语言来进行解释，并将内容链接到相应的附件中。

（2）简短案例的附件为学生提供了扩展阅读材料，使得学生不需要逐字地完整阅读所有内容，而是有选择性地阅读他们关注的内容。附件材料需要提供一个目录索引，同时对企业敏感信息进行适当处理。

3. 简短案例指南及其相关附件的整理

我们 SPS 研究团队已经设计和开发了"理论推荐与分析系统"（Theory Recommendation & Analysis System，SPS-TRA 1.0），可以通过对简短案例及其附件的大数据文本分析，为案例研究推荐较为匹配的理论视角。此外，团队开发的定性数据分析方法（Qualitative Analysis，SPS-QA 1.0），则可以进一步通过大数据文本分析与专家研究相结合的方法，进行相应的案例研究。

我们 SPS 研究团队还采用各种教育科技手段，如 MOOC、VR/AR/MR、Big Data Analytics 等，正在进行简短案例指南的新一轮研发。

5.3.2 数据收集的引导逻辑

附件是简短案例指南的重要组成部分，一方面解决了长案例文档的阅读耗时长的问题，另一方面又弥补了短案例自身叙述不全面的缺陷。基于简短案例的内容，指导教师便可以将之前整理和收集的各种资料，包括调研访谈记录、企业现状与需求的相关资料，以及来自书籍、报纸、杂志、互联网媒体的二手资料等，有效地整理成简短案例的附件，并在简短案例中设置必要的索引，提供给学生。学生们可以根据自己掌握的知识和信息，有选择地且高效地进行预习和准备。

通过向学生提供附件，指导教师实际上为学生提供了关于数据收集的引导方式：学生们虽然已经熟知各种信息收集手段和工具，但由于知识和经验的局限性，若要在实践中灵活、有效地使用这些手段和工具还存在一定的问题。指导教师通过附件将其获得数据的方式和路径展现给学生，就是在引导学生学习如何收集资料和整理资料的方法。况且，指导教师也不可能将所有相关的数据资料都收集完整提供给学生，而学生们通过收集和整理资料方法的学习则可以充分发挥他们使用各种手段和工具的能力，发挥他们的想象力，更好、更快、更全面地收集数据资料，从而又达到了锻炼学生实践能力的目的。例如，在中国某公司积分运营商业模式设计的案例沙盒教学范例中，指导教师提供了国外某个积分运营企业创始人的一段采访视频和某论坛中关于该企业的讨论信息摘录。某学生小组则参考这个方法收集了更多的视频材料，并收集了更多的论坛信息，从而分析出该积分运营平台的盈利模式。

由此可见，基于附件的数据收集引导逻辑是"不求数据内容全面，但求数据来源完整"。

5.4 设计案例沙盒课程大纲

课程大纲是案例沙盒教学实施过程中指导教师的工作计划。指导教师根据课程目标和学生情况,选择相应主题并设计详细的课程大纲,以此作为实施环节的执行依据。因此,指导教师首先要从案例沙盒的主题框架中选择相关的课程主题,并针对当前的教学目标和学生情况设计课程大纲。其中,可以面向不同的教学目标和不同的学生类型,选择不同的主题设计多个课程大纲,并通过同一个简短案例指南来实施引导。也就是说,案例沙盒的主题框架和简短案例指南可以帮助指导教师设计多个课程大纲,服务于不同的教学目标,这也是案例沙盒教学模式区别于传统文本案例教学的优势。

5.4.1 课程主题选择的四要素

指导教师可以参考以下四个要素来进行课程主题的选择:

1. 教学目标和知识体系

教学目标和知识体系是课程主题选择首要考虑的因素。指导教师可以根据不同的教学目标和需要培养的知识体系来选择不同的主题,或者选择多个主题的组合,来设计当前的教学课程。此外,指导教师还可以通过三类主题之间的关系,将其设计成一个案例沙盒教学系列,从较为宏观的路线图规划,到比较中观的商业建模,再到具体微观的工程应用,这将是一个较为完美的选择和设计。

2. 学生类型及其学科背景

学生的不同学科背景都会对应不同的教学侧重点，如工程学科的信息管理专业和管理学科的信息管理专业的培养重点是不一样的。每一类主题中都可以分解出面向不同类型学生的子主题，在不同学科的案例沙盒课程中，这是一个关键的主题选择要素。与此同时，在一些竞赛型和科研型的教学课程中，学生小组往往采用主题类型混搭模式，强调跨专业、跨学科的协同合作。因此，在这种情况下，课程设计可以进行多主题的混搭。

3. 企业的参与程度

企业的参与程度将会影响我们对课程主题的选择。在初次合作的时候，尽量选择企业最感兴趣的核心需求和研究主题作为课程主题，以确保企业代表可以尽可能地多频次且长时间地参与研讨，进而确保指导教师和各个学生小组可以更加全面地获取和掌握信息。在双方已经有良好的合作关系和默契之后，接下来的案例沙盒教学课程则可以选择更为适合学生培养的主题来设计课程大纲。

4. 教师团队的知识背景

指导教师可以组成教师混搭团队，联合设计案例沙盒教学的系列课程，这样不仅可以通过不同主题将不同教师讲授的专业课程链接起来，而且可以将学生的能力培养系统化，达到更好的效果。此时，指导教师团队需要在以下方面达成一致：在设计案例沙盒系列课程大纲的时候，需要紧扣研究主题和教学目标，其中，特别要考虑如何将企业代表引入案例沙盒教学的实践活动，强调并保证学生小组和企业代表之间的充分互动，同时不干扰企业的正常运行。

5.4.2 课程大纲的设计示例

我们给出的建议（不限于此）是指导老师以 8 周为一个案例沙盒教学的课程周期，来设计案例沙盒课程大纲。大纲内容包括课程要求、预备资源、关键活动要求及课程计划。案例沙盒教学课程大纲的示例如表 5-2 所示。

表 5-2 案例沙盒教学课程大纲的设计示例

课程要求		
场景：描述本次案例沙盒教学的企业名称和课程主题		
目标：描述本次案例沙盒教学的预研问题与预期成果		
预备资源		
简短案例指南及其相关附件材料（包括一手资料和二手资料）		
关键活动要求		
组织形式：学生小组的组成结构，学生小组与企业代表的沟通方式		
计划内容：每周计划安排与衔接，资源分配与分工说明		
预期成果：里程碑事件与交付物要求		
案例沙盒教学的课程计划		
时间	主要内容	预期成果
第 1 周	学生预习案例指南，指导教师介绍案例沙盒课程背景，引导学生充分感知和了解案例企业的背景与现状	成立学生小组，各个小组明确研究问题，并制定问题陈述列表，包括项目实施的必要资源需求
第 2 周	指导教师向学生介绍企业代表，并展开对话与讨论；指导教师协调企业代表向学生提供所需资源	学生小组根据讨论结果并明确具体的问题和问题的定性描述，并同时开始讨论详细的行动计划

（续表）

案例沙盒教学的课程计划		
时间	主要内容	预期成果
第3周	指导教师引导学生小组评估问题、设计行动计划	学生小组编制中期报告，即行动计划和解决方案报告大纲
第4周	学生小组向企业代表提交并陈述中期报告，以获得初次反馈意见，并进行必要的补充访谈和共同研讨	学生小组调整并确定具体的行动计划，明确采用的研究方法和技术手段
第5—6周	学生小组执行项目计划，期间指导教师监控学生小组的进度；学生小组与指导教师之间与BJ集团（通过指导教师）之间保持频繁的沟通	学生小组在此期间及时向指导教师提交解决方案的更新版本（建议至少经过两轮迭代）
第7周	学生小组向指导教师和企业代表汇报展示解决方案，并根据反馈意见完善并形成案例沙盒的项目报告	学生小组完成最终的"案例沙盒项目报告"，包括向企业提交的解决方案报告，以及向指导教师提供的课程报告
第8周	学生小组向指导教师和BJ集团提供沙盒项目的最终报告；指导教师和企业代表进行点评，并与学生互动	指导教师和企业代表确认并签署"案例沙盒项目报告"，正式结束本次案例沙盒教学课程

指导教师在设计好沙盒案例课程大纲，并与企业代表充分沟通并确认之后，就可以正式进入案例沙盒教学的实施环节，即以项目的形式开展案例沙盒教学的实践活动，指导教师、学生与企业代表三方将进入课堂，通过一系列的互动、探讨和执行，最终形成案例沙盒教学项目的解决方案。

第 6 章

SPS 案例沙盒教学方法的实施指南

6.1 模拟业务场景

模拟业务场景意味着案例沙盒教学实施过程的正式启动。指导教师需要与企业代表再次确定项目场景，安排学生进行课前预习，组织学生形成小组并进行课堂初步讨论，指导各学生小组制定问题列表，以便为与企业代表交流做准备。

模拟业务场景包括了以下几项工作：①指导教师在第一堂课前引导学生进行预习；②指导教师在第一周的课堂上向学生介绍本次案例沙盒教学涉及的企业背景、目标与要求，并根据学生情况协助学生成立若干个项目小组，引导学生进行头脑风暴及开展小组的初次讨论；③指导教师引导学生通过其他方式了解和体验企业的情境，如现场考察等；④学生小组做好与企业代表沟通前的相应准备，特别是编制问题陈述列表。

指导教师在第一周的课堂上将介绍企业的情况，并组织学生进行头脑风暴及展开小组的初次讨论，集思广益。学生之间也可以通过分享来交换彼此掌握的企业信息。在这个过程中，指导教师主要发挥引导和控制作用。由于学生对企业情境及案例沙盒模式的了解程度有限，偏题和跑题的现象时有出现，这时候就需要指导教师进行一定的干预，并为学生补充所需的知识或信息来源指引，教师的主要目的不是强调任务细节，而是明确任务目标和方向。与此同时，在该阶段中，学生小组需要将所有的疑问和思考进行记录并分类整理，以便在下一阶段中与企业代表开展进一步的讨论。因此，每个学生小组在本阶段的交付物为"问题陈述列表"，以此作为下一阶段与企业代表进行访谈和研讨的基础。问题陈述列表的示例如图6-1所示（以BJ集团项目为例）。

模拟场景
BJ集团对零售和创新业务的数字化转型

问题陈述
针对BJ集团的深入访谈和研讨主要围绕以下问题展开：
- 影响BJ集团的数字化转型的因素有哪些，包括必要因素、有利因素和制约因素等？
- BJ集团的关键业务领域有哪些，目前看来最需要改变的是什么？（针对每个领域可见的机遇和威胁）
- 在这些业务领域中，目前有哪些数字化需求，以及做了何种数字化准备？（用于进行行业对标）
- 目前看来有哪些资源与能力需要投入更多的关注和投资？……

图6-1 学生小组的问题陈述列表示例

在模拟业务场景阶段，主要以学生的独立行动为主，教师的指导工作一切围绕着"预习+准备"的模式来开展。

6.1.1 指导学生预习的三要素

案例沙盒教学和传统案例教学一样,都需要学生进行预习,才能达到更好的学习效果。预习的目的是让学生感知和熟悉企业背景,该过程通常发生在开课前和课堂外。指导教师可以依据以下三要素来指导学生的预习工作:

1. 指导学生认真阅读简短案例指南

指导教师在开课前,一般需要向学生发放"简短案例指南",供其预习使用。然而经验告诉我们,不少学生是没有预习习惯的,特别是看到了这个指南并不"简短"(因为"案例+附件"的形式呈现出来的是较大容量的数字文档)。因此,指导教师需要通过课件网站、电子邮箱、微信群,甚至学生代表向学生们简要说明简短案例指南的使用方法,特别要强调案例企业的特色以及简短案例篇幅不长,学生可以根据索引有针对性地阅读自己感兴趣的附件,以便吸引和鼓励学生阅读指南。

2. 引导学生自主搜索和扩展数据源

指导教师需要在给学生们的简要说明中强调附件内容的非完整性,鼓励学生们进一步搜索和扩展相关资料。在引导过程中,分享已经成功实施的案例沙盒教学项目中学生们的成功实践和成果,是一个比较好的激励方法。此外,可以考虑录制一个小视频,来向学生描述指导教师收集数据的过程,并展现其中一些贴近生活的、有趣的、有特色的事件,也不失为一个好的选择。

3. 鼓励学生进行现场考察和场景体验

指导教师还可以引导学生去现场体验和感受企业的情境,身临其境地了解其业务现状与问题。当然，不是所有的企业都会让学生去参观和调研，但是，指导教师可以引导学生主动地从不同角度和不同场景来了解企业背景。具体来说，可以通过同行企业、合作伙伴、消费者、管理者等角度来了解该企业的行业地位、产品生产和行业特征等情况。例如：若要研究零售行业，则可以去 7-11、好邻居、全家等便利店进行实地考察；若要研究积分和卡券，则可以去星巴克、万达商城、海航金鹏会员俱乐部等日常生活相关并出入频繁的场所进行调研；若要研究智能停车场，则可以去各大商业停车场和住宅小区停车场进行实地探访。

6.1.2 组建学生小组的三关系

案例沙盒教学是以小组为单位的教学项目，因此，指导教师的另一个任务是协助学生成立项目小组。在课前预习的时候，有的学生也会自行成立小组，指导教师需要在课堂上根据实际情况进行调整，目的是帮助学生组建适合的小组。项目小组就像一个乐队，所有成员在乐队中扮演不同的角色，一个乐队只有被有效地编排（Orchestration），才有可能展现最佳演奏，因此，指导教师就是一个隐形编排者（Orchestrator），引导学生能够自我识别并在合适的小组中找到合适的位置。指导教师引导学生组建小组，需要考虑以下三个关系：

1. 能力组合 vs. 熟人组合

在组建学生小组的时候，我们时常遇到的问题是，学生自建小组往往以相互熟悉为基础，而项目小组需要以能力互补为基础。因此，通过检查课前预习情况反馈，以及参与学生们的第一轮头脑风暴，指导教师需要快速掌握学生们的基本情况，以便对学生小组做出必要的调整。熟人意味着熟悉，虽然会带来初期的顺畅沟通，但熟人组合往往会忽略能力互补，但能力互补才是保证项目顺利进行的基础。根据以往经验，在确保能力互补的基础上，尽量将相互熟悉的学生安排在同一组，是比较合适的选择。

2. 小组竞赛 vs. 分享合作

学生潜力的发现和挖掘对于案例沙盒教学有着至关重要的意义，这不能单纯依靠竞争或者合作来完成，而是需要通过结合竞争与合作的"竞合模式"来完成。当今世界需要的是团队的力量，但个体的技能是基础，鼓励小组之间的竞争，可以有效地提升学生的自身能力。这种竞争可以用成绩考核或者资源倾斜的方式来引导。与此同时，在小组内鼓励合作精神和培养合作能力，则是让大家可以各司其职、扬长避短，形成"战队"，而不是"五官争功"。这些合作通常也需要用成绩考核来激励，同时，指导教师还需要重点培养学生小组组长的组织协调能力，这对项目小组任务的顺利开展是很有必要的。

3. 强强联合 vs. 强弱联合

我们通常的做法是将水平优等的学生（优等生）和其他学生混搭在一个小组中，目的是让优等生带着其他人共同前进。但结果却事与愿违，往往是水平较差的学生，在能力和态度上"拖后腿"，进而影响优等生的积极性。相反，如果将优等生完全分在一个组，则可能使得其他小组丧失斗志，也有可能会引发优等生小组的内部竞争而非合作。因此，指导教师需要详细分析学生小组中的角色组成，做好"强强联合"和"强弱联合"之间的平衡，寻找既能激发学生积极性，又能产生较好成果的分组模式，毕竟，我们也希望案例沙盒教学能有更多、更好的创新成果产生。

根据我们的经验，将小组中的几个关键角色配置为优等生，其他角色配置为一般生，形成若干准优秀组；再将中等生编为若干中等组。其中，准优秀组是保证案例沙盒教学实现期望成果的基础，关键角色都由能力相对互补的优等生来扮演，也能避免"拖后腿"的情况；同时，没有任何一组是全部配置优等生的，这使得每个小组都有力争上游的"进取心"。此外，成绩考核必须以小组成绩加个人贡献来进行考核，这样才能体现公平性。值得一提的是，大家常常担心水平中等或一般的学生得不到锻炼，我们想说的是，能够看到差距，何尝不是一种锻炼和进步！

6.2 协作与发现问题，制订行动计划

在该阶段中，指导教师将企业代表正式引入课堂，从而开启企业代表与学生小组的沟通窗口。学生小组通过与企业代表的互动协作，识别和确定需要各个小组聚焦的核心需求和研究主题，并明确相应的关键思考点及对应的具体任务。随后，学生小组针对具体任务制订详细的任务分工和行动计划。

学生小组和企业代表的互动协作通过对话的方式展开，不限于课堂交

流。课堂上，学生小组就问题陈述列表与企业代表展开深度讨论；课堂下，学生小组与企业代表协商好的沟通方式，如电话沟通、电子邮件，或者企业代表安排相应的企业沟通接口人以便随时回答学生小组的问题。与此同时，指导教师需要做好现场控制和课后协调，特别是针对学生提出的资源需求与企业代表进行协商，并引导学生小组将沟通事项梳理清晰后再进行沟通，以免打扰企业代表的日常工作，同时也能提高沟通效率和效果。

在学生小组和企业代表的互动中，企业代表会向学生提出企业面临的难题或者需求，这些问题和需求可能是一项技术应用的研发，也可能是一个商业模型的构建。学生可以通过向企业代表提问的形式来确保自己充分理解了企业需求。尽管企业代表在之前与指导教师的沟通中对需求进行了聚焦，但在与学生小组的互动过程中，其讲述的问题和需求仍然会出现繁杂不系统的状况。此时，指导教师需要有效地控制互动现场，协助学生小组和企业代表聚焦问题，目的是让学生小组针对这些问题明确具体任务，制订行动计划。

此外，不同小组由于特长不同，有可能会关注不同的具体任务，这是非常好且值得期待的情境，因为指导教师和企业代表在设计阶段确定的核心需求、主题框架和关键思考点，不可能细化到具体任务层面。因此，不同学生小组在具体任务的细化和分解过程中，会产生更多不同的新想法，这是创意和创新的开端。

6.2.1 行动计划的五要点

指导教师根据案例沙盒教学课程大纲中的里程碑和交付物要求，引导和支持学生小组梳理案例沙盒项目的具体任务，并进行详细的分工，制订有针对性的、循序渐进的行动计划。行动计划的五要点如图6-2所示。

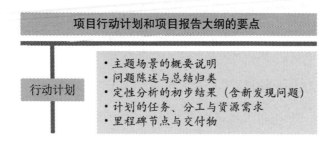

图6-2 项目行动计划和项目报告大纲的要点说明

（1）主题场景的概要说明：描述学生小组任务的主题（路线图规划、商业建模、工程应用等）；

（2）问题陈述与总结归类：将核心需求进行陈述与分类；

（3）定性分析的初步结果：定性描述具体任务，包括新发现的问题和任务，初步体现出各个小组的创意与创新；

（4）计划的任务、分工与资源需求：列举各个任务的分工界面、人员安排和资源需求；

（5）里程碑节点与交付物：学生小组计划中各个里程碑事件与详细交付物。

这些交付物的集合体就是最后的项目报告大纲，包括案例沙盒解决方案报告（提交给合作组织）和案例沙盒课程报告（提交给指导教师），如图 6-3 所示。

```
案例沙盒解决方案报告
1.大型零售企业的转型之路：行业对标        3.BJ零售和创新业务的数字化转型方案
  1.1数字化转型之路的挑战                    3.1数字化转型目标：愿景与挑战
  1.2案例研究一：客户体验转型                3.2数字化转型策略与行动
  1.3案例研究二：经营模式转型                  3.1.1启动——价值定义
2.BJ集团的数字化成熟度：现状分析              3.1.2执行——试点和推广
  2.1数字化成熟度矩阵分析                    3.1.3治理——全面展开
  2.2数字化价值和商业能力分析              4.结论
```

```
案例沙盒课程报告
1.案例沙盒课程综述              2.解决方案说明
  1.1模拟业务场景                 2.1执行摘要
  1.2目标                        2.2附件说明
  1.3问题陈述                  3.经验教训与反思
  1.4可支付成果                4.结论
```

图 6-3　案例沙盒项目报告示例

6.2.2　成绩考核的三要素

项目报告包括案例沙盒解决方案报告和案例沙盒课程报告，分别提交给企业代表与指导教师。其中，案例沙盒解决方案报告的主要内容将作为案例沙盒任务的解决方案说明，同时，案例沙盒课程报告需要对该课程的学习进行相应的总结和反思。这些都将作为成绩考核的基础。然而，成绩考核不能仅依据项目报告，还需要多方面考核，具体如下：

（1）分阶段考核。以小组为单位进行分阶段考核，可以激励学生小组重视每个阶段的努力，时刻感受到压力和机会，从而保证带来最终的项目效果。

（2）按照分享程度考核。在分阶段考核的基础上，便可以鼓励学生小组进行阶段成果分享。如果某个小组的阶段成果被其他小组采纳并取得了较好的效果，那么也需要给该小组的成绩进行一定的奖励分摊，以表彰其分享的贡献；某个小组越乐于分享，这个小组收获越大；小组之间分享越多，各小组的最终成果越大。

（3）按照贡献度考核。上述两个考核都是针对小组的，而在小组内部，需要根据个人贡献度来进行加权评分，以体现个人成绩的差异性。

指导教师需要根据实际情况来设置上述考核要素的权重和计算方式，形成合理的 KPI 考核体系。

6.3　执行项目行动计划

在本阶段中，学生小组执行项目行动计划，完成项目的各项任务要求。学生小组通过一系列的实践行动，形成初步的解决方案，并制作成果的展示方案。指导教师需要跟踪、协调和控制整个项目的任务执行过程。

6.3.1　调节控制的过程

针对具体的项目任务，学生可以结合已有的理论知识、技术手段或者实践经验进行分析、设计、建模、开发等活动。这个阶段中的任务执行不再是简单的概念讲述，指导教师需要充分调动学生的积极性，让学生主动参与到解决问题的过程中来。同时，解决问题的手段不再局限于定性分析方式，也可引入工程、数学、仿真等定量分析方式。这不仅符合互联网、大数据、新型工业化时代的环境要求，也能够培养学生将知识应用于解决新问题的实践能力。

在这一过程中，指导教师需要允许并鼓励学生从不同的视角尝试不同的方法来解决问题，以求得到最优解及实现创意和创新。当然，在此期间也一定会出现这样的情况：由于知识、技术、思路等方面的限制，指导教师需要想办法调动资源来协助学生小组实现创意和创新。

学生小组在案例沙盒项目的执行过程中，需要定期或不定期地向指导老师汇报进展，并与合作组织的代表保持沟通。指导老师需要全程跟踪与监控学生小组的任务情况，并给予必要协助，沟通研讨方式建议以每周至少 1—2 次的讨论会为主。与此同时，指导教师需要协助学生小组与企业代表保持良好的沟通，因为企业代表是最了解实际问题的，可以协助学生小组来纠正对问题认识和理解的偏差。

指导教师还有一个"特殊任务"。在案例沙盒项目执行的过程中，指导教师需要特别重视关键创意孵化和重点、难点问题。因为，有些重点、难点问题或创新、创意思考的出现，不是我们能够事先预测的。然而，这些问题和思考对于学校和企业来说，都是极其珍贵的，这正是体现了案例沙盒模式的问题开放性特点。因此，一旦遇到这些动态情境，我们要以特殊任务的方式来对待。此时，指导教师要保护关键创意的孵化，并有针对性地提供特定的资源，同时在考核的时候需要考虑首创和分享之间的平衡。另一种特殊任务则是发现了学生小组难以解决的重点、难点问题，此时则需要开展行动研究（在第10章详细描述）。

6.3.2 调节控制的三层次

在执行项目行动计划的过程中，指导教师需要重点调节和控制三个层次的"度"：

1. 指导教师的介入程度

指导教师的协助主要以方法和技能的支持为主，而不是寻找资源帮助学生小组直接完成任务。"让子弹适当飞一会儿"，指导教师多通过提问的方式来引导，而不是直接给出建议，这样做不仅是为了启发学生，也是出于教师的想法也时常会被束缚的考虑。指导教师需要鼓励学生自主完成任务要求，当然，也鼓励学生主动寻找资源来帮助自己完成工作。然而，指导教师需要确认和考核的是学生寻求资源的过程中不应该有抄袭或由外人代替完成的因素。可行的确认和考核方式就是通过后续从方案创意、方案可行性、采用技能及技巧等方面的汇报和问答，来全面考察和评估学生的工作量和解决问题的能力。

2. 指导教师、企业代表和学生小组的沟通程度

学生小组与指导教师之间关于项目执行内容的沟通体现在解决方案的多

次迭代讨论和修改中。根据已有的案例沙盒项目经验，建议至少迭代两次。

(1) 第一次迭代的目的主要是把控解决方案的方向和深度。由于学生的经验有限，常常会出现这样那样的情况。比如：有的学生小组做得太宽泛以致方案难以落地；有的学生小组钻研得太深或太过于学术，却忽略了简化以促进问题的解决，等等。这些都是十分正常的现象，需要通过第一次迭代。因此，需要经过指导教师的适当指引来保证方案的方向和深度，从而确保进度和目标的可达性。

(2) 第二次迭代的主要目的是明确解决方案的合理性和可行性。在这次迭代中，指导教师和学生小组将聚焦于具体实施细节，指导教师协调相关资源帮助学生解决项目中的技术、环境、信息、知识等问题。

学生小组与企业代表方面的沟通则需要事先与企业代表协商好，以不影响企业代表的日常工作为前提。因此，指导教师需要时刻提醒学生小组及时汇总实践中的问题，并向企业代表反馈，以节省企业代表的时间，提高沟通效率。此外，企业代表想解决的问题有很多，在与学生小组沟通的过程中不免会发散思维，提出新的想法和要求，这就需要指导教师从中沟通和平衡，以减少学生小组不必要的时间消耗和效率损失。

3. 特殊任务的处理程度

指导教师需要特别重视重点、难点问题和关键创意孵化等特殊任务。识别特殊任务是指导教师在该阶段的首要任务，随后指导教师需要将这些问题与案例沙盒任务进行隔离，使其不影响其他工作的展开。对于超出学生能力范围的重点、难点问题，需要指导教师团队或者专家团队加入，与选定的核心学生小组、企业代表一起进行研究，并考虑采用行动研究的方式来进行；对于来自学生小组的创意、创新，指导教师需要充分协调包括合作企业在内的各类资源，保证将学生的创意孵化成现实。与此同时，指导教师还需要为成果转化做准备（如原型开发、撰写专利、撰写学术论文等），这也是激发学生创新的动力来源之一。需要特别注意的是，指导教师需要引导学生小组对这些可能的特殊任务有完整的表述（不求大而全），这是判断是否属于特殊任务的基础工作。

6.4 汇报与提交项目成果

在该阶段，学生小组向企业代表和指导教师展示项目方案及成果，评审小组提出评审意见，学生小组形成最终的项目报告。

首先，学生小组需要在汇报前向指导老师和企业代表提交项目方案，以便指导教师和企业代表有充分的时间查看。由于方案事关企业未来问题的解决或未来业务的创意，企业代表一般都会非常仔细地查阅学生小组的方案及成果。随后，指导教师邀请企业代表再次进入课堂。每个学生小组将向指导教师和企业代表展示、陈述和解释解决方案，同时，企业代表根据汇报情况提出各种意见和建议，学生小组可当场回答或在课堂下以书面的形式进行回答。在课堂汇报的时候，指导教师需要调控现场进度，以保证汇报内容的聚焦和满足控制时间的要求。

汇报结束后，学生小组根据企业代表和指导教师的评审意见，修改和完善解决方案。需要注意的是，这一步骤并非一蹴而就，可能需要反复互动多次，才能确定最终的解决方案。在此期间，学生小组可能还需要进行解决方案的调整，甚至进行补充实验等。指导教师不仅需要做好资源协调工作，更需要做好学生的心理疏导工作，因为越临近案例沙盒项目结束，学生的心态波动会越大，这可能会直接影响到案例沙盒教学的效果。因此，指导教师在此时往往还需要承担一个心理调控师的角色。

学生小组改进解决方案并获得指导教师和企业代表的确认后，则需要完成两份项目报告，即提交给指导教师的案例沙盒课程报告，以及提交给企业代表的案例沙盒解决方案报告。尤其要指出的是，最终的案例沙盒课程报告需要突出执行过程的合理性、创新点，即让学生小组对整个过程进行"复盘"，这有助于学生进行经验总结和反思，巩固案例沙盒教学的成果，特别是让学生们牢记整个解决问题过程中的得与失。

值得说明的是，学生小组直接向企业代表介绍他们的案例沙盒项目解决方案，这更加激发了学生参与案例沙盒教学的学习动力。以往学生总觉得与企业的距离非常遥远，对企业的实际问题有种"隔着千山万水"的感觉，通过项目过程中的接触和最后的项目汇报，学生将体会到自己的专业学习和实践与企业的需求是如此接近。同时，企业代表对解决方案的肯定将对学生建立自信有着积极作用。在校的学生往往对于自己的能力能否被企业认可感到不自信，然而，我们在经过几次成功的案例沙盒教学实践后发现，学生的潜力是非常巨大的，学生需要这样的机会展示自己并获取自信心，学校和社会更应该给予学生这样的机会，案例沙盒教学就是最好的方法之一。

6.4.1　成果内容的三要素及一致性

学生小组提交的项目报告，以及指导教师和企业代表的考核工作，都需要围绕着"目标—行动—成果"所形成的三要素及其一致性来开展。

项目报告中的解决方案需要聚焦于"任务目标—执行方案—项目成果"的一致性。学生们对于通过一番努力而获取的任何工作成果都会倍感珍惜，因此，学生们在报告中往往不愿意放弃任何一点的细节描述。这会造成项目报告内容的重点不突出、主线不聚焦、逻辑不清晰等问题，导致企业代表难以发现成果中的亮点和优点。所以，指导教师需要向学生小组强调"目标—行动—成果"三要素一致性的重要性，并指导学生完成项目报告。

6.4.2　简化非简单的汇报原则

学生小组向指导教师和企业代表汇报项目成果的时间是有限的，因此，指导教师需要向学生小组强调"简化"的重要性。

"简化"不是简单地缩减汇报材料的篇幅，而是要围绕着"任务目标—执行方案—项目成果"三要素及其一致性来化繁为简，突出重点。其中，简化的汇报关键在于对重要问题和小组贡献的活动复盘，例如：指导教师和企业代表都知晓的背景、场景、问题、事实等均不需要赘述，重点描述如何解决重点问题以及相应的方法、结果和创新点等。此外,"电梯演讲"的模式更为简化,指导教师可以将其作为一个参考用于引导学生进行学习和训练,帮助他们理解什么是"简化非简单"。

6.5 总结和思考

案例沙盒教学模式是在动态且受控的环境中所进行的自我导向型学习。因此,开展总结与反思是必要的,这能够让学生充分地分享经验和教训,从而确保其可以进行深度思考。

其中,学生小组向企业代表和指导教师提交案例沙盒项目报告后,案例沙盒项目的实施环节基本结束。三方将围绕着整个案例沙盒教学的项目执行过程展开研讨。研讨的形式视具体情况而定,可以是座谈会形式,也可以是分小组形式,还可以是面向重点小组的交流。此外,在成果汇报阶段,指导教师和企业代表主要针对解决方案进行点评。而在本阶段,指导教师和企业代表将重点针对学生小组在整个执行过程中的得与失进行点评。通过指出和肯定学生在沙盒项目中的努力和创造力,以激励学生并进一步使其体会到案例沙盒的作用。此外,企业代表在这个过程中,也可以识别和考察有潜力的学生,将其作为企业未来招聘的对象。

在案例沙盒的项目总结会议结束时,企业代表和指导教师将联合签署"案例沙盒项目报告",从而宣布本次案例沙盒教学课程结束。

6.5.1 座谈会的四个关键点

在总结座谈会上，指导教师、企业代表和学生们可以在轻松的环境下自由交流。指导教师需要在该研讨会上把握以下四个关键点：

（1）首先是对学生们的肯定与鼓励，无论如何，能够完成一个接近实战的项目，对所有学生而言都是一个成功的挑战，要让他们体会到这是一笔巨大的人生财富。

（2）指导教师和企业代表也需要点评学生们在整个案例沙盒教学项目中的得与失。特别是"得"的部分以及对企业的作用，指导教师和企业代表的这些点评有助于将上述肯定和鼓励具象化。对于"失"的部分，指导教师和企业代表需要"艺术"地点出问题，并指出未来改进的方向和可能性，鼓励学生们继续努力。

（3）指导教师还需要鼓励学生们分享参与案例沙盒教学项目过程背后的思考过程，并邀请有经验的人员（如往届案例沙盒项目的参与者）一起讨论并给予相关建议。分享和讲述永远是自我提升的好方法。

（4）指导教师在现场需要把控哪些意见和建议是可以接受的或者可以忽略的。并非所有的意见和建议都是有建设性的，更要避免不必要的指责和矛盾，这再次体现出指导教师作为调控师这一角色的重要作用。

6.5.2　签署报告的模式与意义

签署报告有一种很庄重的仪式感，这对于学生而言有着特殊的意义和感受。同时，指导教师和企业代表联合签署"案例沙盒项目报告"也饱含深意：

（1）从指导教师的视角来看，由指导教师和企业代表同时肯定学生的成果，这已经远远超出了课程作业的范畴，可以全面提升学生的信心和能力。

（2）从学生的视角来看，案例沙盒的学习成果是面向实践创新的，特别是有了企业的肯定，对于学生在未来择业时展示自己的研究和实践经历，是非常有帮助的。

（3）从企业的视角来看，企业需要发掘人才，签署报告是企业对人才的肯定。与此同时，案例沙盒项目报告也是联合成果确认的依据，在企业对于有创意和创新的内容进行进一步转化的时候，该报告也可以作为学生的知识产权相关法律保障的基础依据之一。当然，这里还需要高校和企业进一步协商案例沙盒项目成果的转化和持续性合作等问题，我们也正在继续探索和实践。

综上所述，在整个案例沙盒教学的实施过程中，学生能够参与到企业创新实践中，并在安全受控的环境下，通过不断的试错、研讨、实验来实现和修正解决方案，验证并提升自己解决问题和创新的能力。这是案例沙盒教学模式秉承并始终贯彻的理念。

第三部分

SPS 案例沙盒：经典教学范例

第 7 章
案例沙盒教学实例：马来西亚 BJ 集团数字化转型战略预研

7.1 案例沙盒背景概述

BJ 集团是马来西亚的大型企业集团，该集团旗下从事旅游、证券、汽车、书籍销售、餐饮、教育等业务，经营 150 多家子公司，其中 13 家子公司分别在英国、新加坡、加拿大、美国、菲律宾、马来西亚等国家，以及中国香港地区的金融市场上市。

BJ 集团的业务相对传统，正面临着数字化时代的变革与挑战，BJ 集团希望能够通过重新制定转型战略，尽快实现向数字化企业集团转型的战略目标。因此，澳大利亚新南威尔士大学商学院指导教师团队为 BJ 集团设计了数字化转型战略预研的案例沙盒，旨在通过高校学生的创意实践和创新探索，为 BJ 集团的数字化转型提供可操作的意见和建议。

7.2 案例沙盒教学的设计过程

7.2.1 甄选合作组织

指导教师团队仔细考虑了以下关键因素，最终选择与BJ集团联合设计和实施数字化转型战略预研的案例沙盒教学项目。

（1）指导教师考虑到选定的企业及其业务有现实意义，同时可以激发学生的好奇心和参与兴趣：①就BJ集团而言，该企业是一个广为人知的国际大型企业集团，可以激发学生浓厚的参与兴趣。②与此同时，BJ集团的多元化业务运营体系及其数字化转型的未来需求，进一步保证了实际问题的研究广度、深度及可拓展性。

（2）指导教师团队认为该企业的问题适合采用案例沙盒教学，并能够获得企业的准入许可：①BJ集团相关机构的负责人，与新南威尔士大学商学院指导教师团队具有良好的关系，而信任关系正是开展案例沙盒的合作基础。②指导教师团队与BJ集团的企业代表在设计案例沙盒教学项目之前，就针对BJ集团的现状和问题开展了深度的研讨，指导教师团队协助BJ集团准确地识别了企业存在的关键问题，从而进一步获得了企业高层的信任。与此同时，BJ集团也认识到高校的研究能力对于企业的未来发展有着积极的指导和推动作用。③在此基础上，指导教师团队向BJ

集团提出了案例沙盒模式，并鼓励 BJ 集团将其实际问题引入案例沙盒教学计划，以此来动员走在科技前沿的高校学生为 BJ 集团的创新出谋划策。

BJ 集团通过之前的合作以及指导教师团队的详细介绍，了解了案例沙盒教学项目可能带来的成果，最终同意新南威尔士大学商学院设计与实施 BJ 集团数字化转型战略预研的案例沙盒教学项目。

7.2.2　确认核心需求与构建主题框架

BJ 集团在决定与新南威尔士大学商学院指导教师团队联合开展案例沙盒教学项目后，派出企业代表（由 BJ 集团创新总监领导的高级战略咨询师团队）参与指导教师团队关于案例沙盒的核心需求与主题框架的讨论。

在该阶段，指导教师团队详细梳理了 BJ 集团的已有资料，此外，BJ 集团陆续提供了许多最新资料，特别是零售业务板块的相关资料。此后，指导教师团队与企业代表团队紧密合作，对 BJ 集团的核心需求进行了详细的梳理和讨论，并与 BJ 集团的创新总监确认了核心需求，其概述如表 7-1 所示。

表 7-1 确认后的 BJ 集团核心需求概述

核心需求	概述
需求概述 1	需要加快 BJ 集团在零售和创新业务的数字化转型，并降低风险
需求概述 2	通过数字化转型更好、更充分地利用 BJ 集团的现有资源与优势
需求概述 3	希望能借此机会建立与研究型大学更深入且更有意义的合作关系

基于上述核心需求，指导教师团队与企业代表团队将核心需求的详细内容进行了主题框架的归类，如表 7-2 所示。

表 7-2 BJ 集团数字化转型案例沙盒教学的主题框架

主题框架	关键思考点及预期学习成果	
主题 1：零售与创新业务的数字化转型路线图	关键思考点	● 了解和评估 BJ 集团在所有功能领域的数字化需求和准备 ● 了解和评估跨越各个业务竖井的现有业务模式和价值创造 ● 行业基准对标（比较 BJ 集团与全球零售消费行业与企业） ● 制定零售和创新业务的数字化转型路线图
	预期学习成果	根据深入的定性探索，提升学生分析复杂现实世界问题的能力
主题 2：大数据分析与建模	关键思考点	● 分析 BJ 集团的 B 积分会员计划的消费者数据，以了解消费者的行为和多业务动态，并展示现有积分会员计划所捕获的价值 ● 设计 B 积分的消费者分析策略，以最大限度地提升客户价值 ● 制定 B 积分的商业管理策略，以利用其多样化的商业网络
	预期学习成果	提升学生的数据分析专业技能

(续表)

主题框架		关键思考点及预期学习成果
主题3：技术原型	关键思考点	● 根据数据分析的技术实验及实验结果，重新设计BJ集团的积分会员管理的业务运营系统 ● 开发B积分的新业务运营系统的技术原型
	预期学习成果	提升解决方案设计与技术实现的能力

7.2.3　编制简短案例指南

指导教师团队根据核心需求和主题框架开发简短案例并配以相关附件，作为将企业实际情况带入课堂的教学指南工具。该案例需要反映企业高层或其他利益相关者在做战略决策时，所面临的商业环境的复杂性和不确定性。换句话说，该案例的目标是让学生身临其境地感知企业现状和现实问题，而不是制定一套总结过去经验和最佳实践的"正确"答案。

指导教师团队在准备BJ集团案例沙盒教学项目的简短案例时，须在征得BJ集团的同意后，将相关的文档作为案例附件提供给学生。同时，指导教师团队将核心需求和主题框架内容隐含在简短案例指南的陈述中，以便让学生可以通过自己的能力和努力进行进一步的搜索、分析和挖掘。表7-3展示了为BJ集团案例沙盒教学准备的简短案例的部分抽样内容。

表 7–3　简短案例指南内容的抽样示例：BJ 集团数字化转型

BJ 集团简介与业务概述
BJ 集团是一家总部位于马来西亚的大型企业集团。这个领先的综合企业掌管着多元化的业务，从零售、餐饮、酒店到赌场和房地产…… 　　今天，BJ 集团的传统业务正面临着数字化时代的变革与挑战，BJ 集团希望未来能够向数字化企业集团转型。为了尽早实现这个转型目标，BJ 集团希望能够重新制定转型战略，通过大量利用新兴数字技术来重构其商业模式、运营流程和客户关系。 　　（传统零售业务范围及运营现状详见附件 1） 　　……
BJ 集团零售与创新业务转型案例场景描述
（1）场景 1：关于 BJ 集团数字化转型战略的访谈陈述摘录： 　　"我们希望拥抱数字化转型，以更好地利用 BJ 集团的现有优势：庞大的客户群、广泛的分布式网点和众多垂直行业……" 　　…… <div align="right">（约 3 000 字，此处略）</div>

7.2.4　设计案例沙盒课程大纲

　　指导教师团队根据新南威尔士大学商学院的课程计划和学生培养要求，选择 BJ 集团案例沙盒的第一个主题作为本次教学项目的主题，设计案例沙盒课程大纲，如表 7–4 所示。

表 7-4　课程大纲示例：BJ 集团数字化转型战略预研的案例沙盒教学项目

内容
场景：BJ 集团零售与创新业务的数字化转型 目标：针对 BJ 集团的问题进行分析，进而为其零售与创新业务制订数字化转型解决方案（路线图）
资源
案例沙盒教学指导书（现《SPS 案例沙盒教学方法》），简短案例及其附件材料，包括指导教师团队在前期准备过程中的现场录音，受访者和关键人员的访谈转录稿
活动
● 学生组成若干个类似于智库的小型"咨询小组"（每组 3～4 名学生） ● 本案例沙盒项目周期为 8 周 ● 指导教师团队将每周举行 2～4 小时的研讨会。同时，咨询小组与来自 BJ 集团的企业代表和指导教师团队进行两周一次的讨论会议（通过在线视频方式），以汇报和更新项目进度，并讨论期间出现的任何问题
课程计划

时间	关键活动	评估与交付
第 1 周	指导教师团队向学生介绍案例沙盒项目背景，并展开现场讨论，目的是让学生充分感知企业的真实场景和问题背景（指导教师团队在开课前一至两周向学生们发放课程材料，以便学生进行预习和准备），完成学生小组的分组工作	学生小组进行初步分析和总结，明确具体问题并制定问题的陈述列表，同时，提出项目实施的必要资源需求

(续表)

课程计划		
时间	关键活动	评估与交付
第2周	指导教师团队向学生介绍BJ集团的代表，学生小组与企业代表展开对话与讨论；学生开始进行各种形式的访谈并且／或者进行小组讨论；指导教师团队则协调企业代表向学生提供所需资源	学生小组从指导教师团队和BJ集团的企业代表那里获得更具体的需求、信息和资源支持，并进行信息整理
第3周	指导教师团队引导学生小组进行问题评估与目标设计，学生小组制订有关具体行动计划和解决方案的思路框架	学生小组编制中期报告，详述具体的行动计划和拟议交付的成果框架
第4周	学生小组向BJ集团的企业代表提交中期报告，以获得初次反馈意见，并进行必要的补充访谈和共同研讨	学生小组对解决方案的初稿进行必要的调整，并确定最终的行动方案（项目计划）
第5—6周	学生小组执行项目计划，并通过指导教师团队与BJ集团保持频繁的沟通，以获得更多的指导与支持；指导教师团队给予必要的指导，特别是对学生小组的创新和创意给予高度的关注	指导教师团队监控学生小组的进度，学生小组及时向教师提交BJ集团数字化转型路线图解决方案的更新版本
第7周	学生小组向指导教师团队和BJ集团的企业代表汇报并展示解决方案；随后，根据反馈意见完善解决方案，编制案例沙盒教学的最终项目报告	学生小组提交汇报展示的解决方案
第8周	学生小组向指导教师团队和BJ集团提供沙盒项目的最终报告；三方开展座谈会进行项目总结，指导教师团队和企业代表对学生小组进行点评，学生小组进行自评并做经验与心得分享	学生小组提交最终的"案例沙盒教学项目报告"，包括向BJ集团提交的解决方案报告和向指导教师团队提供的课程报告；指导教师团队和BJ集团共同签署"案例沙盒教学项目报告"

7.3 案例沙盒教学的实施过程

7.3.1 模拟业务场景

在 BJ 集团案例沙盒教学项目启动前（课程启动的前一周），指导教师将简短案例及有关企业案例情境的附件作为必修的课前阅读，提供给学生进行课前预习。辅助性附件材料包括指导教师在 BJ 集团进行的录音和转录稿（作为初步研究的一部分）、BJ 集团提供的且可共享的部分内部报告和文件，以及有参考价值的公开报告和白皮书。

在课程第 1 周，指导教师在课堂上向学生介绍了 BJ 集团的背景及其当前面临的问题，随后重点介绍课程大纲要求。同时，指导教师建议学生现场组建临时咨询小组（每个小组 4 名学生，共 5 个小组），并进行角色分工：1 位"咨询总监"负责总体架构，3 位"咨询顾问"分别侧重于不同的工作（如数据收集与分析、客户沟通等）。指导教师随即引导各个学生小组进行头脑风暴，其关键目标是营造一个咨询研讨环境（共享信息与思考的交互式环境），有助于确保学生对问题情境的理解以及小组成员间的相互了解。与此同时，指导教师轮番参与各个小组的讨论，重点在于观察每个学生的表现，据此对学生小组的人员组成和角色分工进行了微调。

在第 1 周课程结束时，每个学生小组均针对具体的问题场景制定了问题陈述列表（示例如表 7-5 所示），并提出需要 BJ 集团进一步提供的资源，包括行业／企业的相关补充资料和企业接口人员（企业代表）的联系方式等。

表 7-5　问题陈述列表示例：BJ 集团案例沙盒教学项目

模拟场景：BJ 集团对零售与创新业务的数字化转型
问题陈述 针对 BJ 集团的深入访谈和研讨主要围绕以下问题展开： ● 影响 BJ 集团数字化转型的因素有哪些？（包括必要因素、有利因素和制约因素等） ● BJ 集团零售业务板块中的关键业务有哪些？目前看来最需要改变的是什么？（针对每个领域可见的机遇和威胁） ● 在这些业务领域中，目前有哪些数字化需求？做了何种数字化准备？（用于进行行业对标） ● 目前看来有哪些资源与能力需要投入更多的关注和投资？ …… <div align="right">（以下略）</div>

7.3.2　协作与发现问题，制订行动计划

指导教师正式向各个学生小组引荐 BJ 集团的企业代表团队（BJ 集团创新总监领导下的高级战略咨询师团队）。由于马来西亚吉隆坡市与澳大利亚悉尼市相隔遥远，因此，双方的"面对面"沟通通过网络视频的方式在新南威尔士大学商学院的翻转教室进行。

在第一次基于网络视频的访谈和互动期间，每个学生小组向 BJ 集团

的企业代表团队简要地陈述了各自的问题列表。指导教师协调控制讨论现场，以便协助学生有效地陈述问题。具体的现场情况是：在指导教师的引导下，随着学生对问题背景的了解逐渐深入，学生在沟通中的信心也逐步增强，在沟通中的主导作用也日益突显。此外，在整个访谈和互动过程中，学生们也根据现场情境的变化，适时调整和改进了他们的提问重点和范围。指导教师通过对专业术语的翻译和风趣幽默的表达，保证了这一阶段活动中双方的参与性和互动性。同时，指导教师没有过多地干预学生的问题内容（只是在面向企业宏观层面的问题讨论上进行了必要的协助），这样可以让学生有空间发挥作为专业顾问的作用，特别是鼓励学生与企业代表之间进行频繁互动，以便深入了解问题背景，并最大限度地发挥其主观能动性。

在随后的两周中，各学生小组不断地与企业代表进行多种形式的交互讨论，指导教师的工作则是引导学生提高沟通效率和效果。在第4周，学生小组向指导教师和BJ集团的企业代表提交了中期报告（示例如表7-6所示），展示其案例沙盒教学项目的行动计划，并获得了企业代表关于行动计划的反馈意见。

在这个交流过程中，许多学生首次体会到了现实商业世界的复杂性和模糊性。例如，一些学生提出的解决方案思路过于理想和完美，以致受到来自企业代表的挑战。然而，企业代表也对这些解决方案思路中展现出的许多有趣的创意和创新思维表示了充分的肯定。指导教师需要对这一过程进行协调和控制，一方面是保护并调动学生的积极性，另一方面则是让学生理解直面企业代表的挑战会比在课堂上的听课更有启发，从而鼓励学生勇于迎接这种挑战，使学生真正进入案例沙盒教学所营造的近似真实的实践环境，并从中学会主动思考如何面对现实环境中的复杂问题，开始思考真正的解决方案。

表 7-6　中期报告示例：BJ 集团案例沙盒教学项目行动计划

- 模拟场景摘要
- 问题陈述
- 定性分析的初步结果（详细任务分解）
- 执行计划与分工

解决方案报告大纲——BJ 集团零售与创新业务的数字化转型路线图：

1. 大型零售企业的转型之路：行业对标

　1.1 数字化转型之路的挑战

　1.2 案例研究一：客户体验转型

　1.3 案例研究二：经营模式转型

2. BJ 集团零售业务板块的数字化成熟度：现状分析

　2.1 数字化成熟度矩阵分析

　2.2 数字化价值观和商业能力分析

3. BJ 集团零售与创新业务的数字化转型方案

　3.1 数字化转型目标：愿景与挑战

　3.2 数字化转型策略与行动

　　3.2.1 启动——价值定义

　　3.2.2 执行——试点与推广

　　3.2.3 治理——全面展开

4. 结论

7.3.3 执行项目行动计划

在接下来的两周,各学生小组紧张地执行着 BJ 集团案例沙盒行动计划,研究 BJ 集团零售与创新业务的数字化转型路线图。由于路线图规划属于企业高层规划,因此,指导教师需要提供更多的引导和支持。例如,在分析 BJ 集团零售与创新业务数字化转型的具体策略时,指导教师有必要提醒学生小组,首先需要深入了解 BJ 集团整体业务转型的背景和目标,因为零售与创新业务的转型离不开整体目标的框架约束。

就具体过程而言,分析和设计 BJ 集团零售与创新业务数字化转型路线图涉及了以下关键活动:①学生小组通过广泛阅读来识别和分析数字化转型中零售业面临的主要趋势和挑战。其中,相关书籍、规划方法理论、行业实践报告、案例研究、新闻和商业报道等是主要的二手数据来源。此外,这些数据来源又进一步增强了学生对业务场景的理解和问题的敏感性。②为明确 BJ 集团的具体要求和目标,学生小组通过对企业代表的补充访谈和研讨来收集数据和建议。其中,学生小组定期通过在线会议的方式与 BJ 集团的企业代表进行沟通,以确保问题场景分析和拟议策略的可行性。同时,指导教师担任主要研讨会议的主持人,确保沟通顺畅,并鼓励双方随时交流与反馈。此外,指导教师和学生小组的每周讨论会也对学生的研究和设计工作起到关键创意孵化的作用,学生小组可以分享他们的进展并获得来自指导教师和其他小组的反馈建议。

在此期间,指导老师引导学生小组对解决方案进行了两次迭代,以确保路线图规划的方向和深度。在这个阶段结束时（第6周结束时），学生完成了初步的解决方案及其展示报告，并提交给指导教师和BJ集团企业代表团队。

7.3.4 汇报与提交项目成果

在第7周，学生小组正式向BJ集团的企业代表和指导教师详细介绍他们的解决方案。在项目成果汇报会上，指导教师和BJ集团的企业代表组成了一个评审小组，并向学生小组提出了如下重要挑战：如何体现他们对BJ集团真实情境的深刻理解；如何简明扼要地展示解决方案的丰富性和可行性；如何展示解决问题的过程和方法的科学性与规范性。为了更好地达到培养学生能力的目的，指导教师在汇报之前对各个学生小组的负责人提出了重要的提醒：在项目汇报时，应简化对背景和理论的说明与解释，要强调工作内容和成果。尤其针对路线图规划，指导教师引导学生将解决方案的约束条件进行重点阐述，以便企业代表能够更好地理解项目成果。

评审小组将从方案创意，方案可行性，采用技能、技巧，以及小组的分享贡献度等方面对项目成果进行评估。其中，企业代表重点关注解决方案是否能给BJ集团零售与创新业务的数字化转型提供有益的参考和有见地的创意，指导教师则需要进一步通过各小组成员的汇报和问答来全面考察与评估学生的工作量与能力。

最后，评审小组会给出详细的评审意见。学生小组根据评审意见在一周内改进了自己的解决方案并提交给评审小组进行最后评议。同时，学生小组将解决方案分别编制成案例沙盒解决方案报告提供给 BJ 集团，以及案例沙盒课程报告提供给指导教师，两个报告共同形成了完整的 BJ 集团案例沙盒教学项目报告（示例如表 7-7 所示）。

表 7-7 项目报告示例：BJ 集团案例沙盒教学项目报告

案例沙盒解决方案报告	
1. 大型零售企业的转型之路 　1.1 数字化转型之路的挑战 　1.2 案例研究一：客户体验转型 　1.3 案例研究二：经营模式转型 2. BJ 集团的数字化成熟度：现状分析 　2.1 数字化成熟度矩阵分析 　2.2 数字化价值和商业能力分析	3. BJ 零售与创新业务的数字化转型方案 　3.1 数字化转型目标：愿景与挑战 　3.2 数字化转型策略与行动 　　3.1.1 启动——价值定义 　　3.1.2 执行——试点和推广 　　3.1.3 治理——全面展开 4. 结论
案例沙盒课程报告	
1. 案例沙盒课程综述 　1.1 模拟业务场景 　1.2 目标 　1.3 问题陈述 　1.4 可交付成果	2. 解决方案说明 　2.1 执行摘要 　2.2 附件说明 3. 经验教训与反思 4. 结论

7.3.5 总结和思考

指导教师团队与 BJ 集团企业代表团队在第 8 周组织各个学生小组召开最后的总结思考会，该会议采用公开讨论的方式（网络视频会议）进行。

指导教师和 BJ 集团企业代表针对各个学生小组的案例沙盒实践整体情况进行点评，旨在帮助学生更好地了解他们今后如何将沙盒项目中获得的知识、学习方式和经验教训运用到实践中。因此，在点评中，指导教师反复强调了案例沙盒的几个关键特征，并鼓励学生反思和分享经验教训，为未来的改进提出建议。

总结会议中大家达成了以下几点共识：①学生们解决真实商业环境中问题的能力是至关重要的。通过参加案例沙盒教学项目，学生们在学校中就可以获得运用已掌握的知识参与和解决现实问题的机会与经验，了解社会和企业的实际业务和运作机制。②指导教师的新角色定位非常重要，教师不再是主要的知识库，而是自我导向型学习模式的推动者。③ BJ 集团的企业代表也指出，案例沙盒中的合作本身也是校企联合培育下一代优秀从业者的极具突破性和开创性的实验。这种长期合作可被视为未来培养和招募顶尖人才的渠道之一。

最后，由指导教师团队和 BJ 集团企业代表组成的评审小组联合签署了各个学生小组的"马来西亚 BJ 集团数字化转型战略预研：案例沙盒教学项目报告"，正式结束本次案例沙盒教学项目。

第 8 章
案例沙盒教学实例：WIZ-H 积分运营商业模式预研

8.1 案例沙盒背景概述

　　WIZ 公司是由国内外先进技术团队组建而成的新兴技术公司，区块链（Blockchain）技术及其相关应用的系列产品是该公司的核心能力。WIZ 公司致力于通过建立各垂直业态、各企业平台间的信用连接，突破传统商业与业务壁垒，以兼顾效率和公平的原则来实现各类资产的数字化与互联互通，进而实现资源的优化配置和高效共享，助力智慧城市的构建。H 公司是中国一家囊括航空、酒店、旅游、地产、商品零售、金融、物流、船舶制造、生态科技等多业态的大型企业集团。近年来，WIZ 公司基于其自主知识产权的区块链分布式账簿、数字资产管理和智能交易撮合等核心技术为 H 公司提供了一系列解决方案，通过实现票据文件的双方信任，解决了采购流程审核烦琐的问题；通过扩展福利商品项目及其供应商数量的同时不泄露H公司的员工信息，解决了员工福利项目单一的问题。由此，双方展开了紧密的合作。

一段时间后，H公司注意到了企业会员积分体系的建设和运营问题，发现各行业／企业的会员积分总存量是一个千亿级的潜在市场。众所周知，企业构建会员积分体系的目的是赢得客户、维系客户和增加业绩。然而，企业积分是基于企业信用的虚拟资产，由于企业积分的使用渠道和影响范围均有限，会员积分体系在企业业务运营中产生的作用往往不尽如人意。理论上，若能找到有效的方法以实现不同的企业会员积分体系之间的互联互通，将很可能盘活这个巨量市场。因此，这也逐渐成为各大商家关注的焦点。同时，WIZ公司利用区块链技术的分布式、去中介、保密性、防篡改、互不干扰等特性，开发了连接不同商户会员积分体系的积分交换平台。因此，H公司希望基于自身的资源优势，利用WIZ公司的区块链技术和平台产品打通集团各个业务板块的会员积分体系，甚至延伸到集团外部的其他行业或企业的会员积分体系。H公司的最终目标是开展跨行业、跨企业的积分运营业务，使得不同企业和用户手中的会员积分可以实现互联互通，最终成为全行业的积分运营商。我们可以想象这样的商业场景：

一个客户通过手里的航空公司积分，来支付或兑换酒店的房费或服务；同时，航空公司和酒店仍然运营各自的会员积分体系。这种模式既不是相互合并或兼并，也不是通过一个第三方中介或通用积分来完成，而是在去中介的情况下互不干扰地实现各自运营和互联互通的并存。（WIZ公司产品经理）

为了实现这种会员积分互联互通的新型业务，WIZ 公司和 H 公司首先面临的是构建有效的积分运营商业模式。这在中国尚无成功的先例，因为这种新的商业设想带来了许多新的问题，例如：企业之间如何实现对来源不同的积分与用户的信任，不同企业之间如何实现积分的互换使用或相互商品的积分支付兑换，积分之间的交换"汇率"如何设定，如何引导客户接受和使用这种商业模式等。因此，澳大利亚新南威尔士大学商学院和北京航空航天大学经济管理学院的联合指导教师团队共同为 WIZ 公司设计了 WIZ-H 积分运营预研的案例沙盒教学项目，旨在通过高校学生的创意思维和创新实践，为 WIZ 公司和 H 公司提供跨行业、跨企业积分运营的意见和建议。

8.2 案例沙盒教学的设计过程

8.2.1 甄选合作企业

指导教师团队仔细考虑了以下关键因素，最终选择与 WIZ 公司联合设计和实施积分运营商业模式预研的案例沙盒教学项目。

（1）指导教师团队考虑到选定的企业及其业务和技术应用，均富有现实意义和巨大吸引力，可以用来激发学生的好奇心和参与兴趣：①会员积分体系是企业客户关系管理的重要手段，各个企业的积分汇集起来是一个巨大的市场；同时，学生们对会员积分也都有不同程度的了解。②H公司是具有多元化业务的世界500强企业，并且其面向全行业的积分运营业务是一项很有潜力的业务创新。③区块链技术作为新兴的金融科技备受瞩目，其应用范围广泛且潜力巨大，并且对积分这个企业级资产的运营有着重要作用。

（2）指导教师团队认为该企业问题非常适合采用案例沙盒教学，并能够获得企业的准入许可：①指导教师团队在此之前已经与WIZ公司合作，完成了H公司区块链技术应用的案例研究，奠定了开展案例沙盒教学项目合作的基础。②WIZ公司已经研发了基于区块链的企业积分互联互通的技术平台，为积分运营奠定了一定的技术基础；然而，还需要进行针对H公司的商业模式预研，从而明确技术平台的定位并完善商业系统的开发，这些也为双方提供了案例沙盒教学项目的合作需求。③指导教师团队所属的管理信息系统专业（Management Information System，MIS）正是信息技术与商业管理结合的交叉学科，指导教师团队具备丰富的信息技术与行业应用经验，同时，该类前沿应用没有多少先例可循，非常适合用来启发和激活学生群体的想象力和创造力。这也是开展该案例沙盒教学项目的重要基础。

最终，WIZ公司通过之前的合作以及指导教师团队的详细介绍，了解了案例沙盒教学项目可能带来的收益，同意与新南威尔士大学商学院、北京航空航天大学经济管理学院组成的指导教师团队联合设计与实施WIZ-H积分运营商业模式预研的案例沙盒教学项目。

8.2.2 确认核心需求与构建主题框架

WIZ 公司在决定与新南威尔士大学商学院、北京航空航天大学经济管理学院的指导教师团队联合开展案例沙盒教学项目后，派出企业代表（WIZ 公司的产品总监及产品经理）参与指导教师团队关于案例沙盒的核心需求与主题框架的讨论。

在该阶段，指导教师团队详细梳理了 WIZ 公司和 H 公司的已有资料，并整理了国内外从事积分运营的主要企业的业务资料。需要特别指出的是，在该案例沙盒教学项目的准备过程中，指导教师团队与企业代表团队共同查阅、分析和研讨了国外主要的积分运营商的商业模式、产品特征和技术应用，包括 POINTS（https：//www.points.com）、AIMIA（https：//www.aimia.com）、DROP（https：//www.earnwithdrop.com）等。其中，由于积分整合运营业务属于新兴业务，上述公司产品背后的核心能力往往不为人所知，因此，指导教师团队认为这也是此类问题非常适合案例沙盒教学的原因之一。指导教师在实施过程中向学生提出这类问题，有助于学生发挥想象力和搜索能力，挖掘和分析这些行业先锋企业的商业逻辑和技术应用模式。

此后，指导教师团队与企业代表团队紧密合作，对 WIZ 公司和 H 公司的核心需求进行了详细梳理和讨论，并与 WIZ 公司的产品总监及产品经理确认了核心需求，其概述如表 8-1 所示。

表 8-1 确认后的 WIZ-H 积分运营核心需求概述示例

核心需求	概述
需求陈述 1	企业的积分或优惠卡券是"企业信用资产"，H 公司希望能成为全行业的积分运营商。因此，首先需要向有可能合作的商户介绍企业信用资产这个概念
需求陈述 2	H 公司的全行业积分运营需要实现积分的互联互通。从技术上，WIZ 公司的"区块链账簿体系""数字资产发行管理体系"和"智能撮合算法"可实现不同商户的积分互换。然而，首先还是需要解决 H 公司的商业模式和客户采纳的问题
需求陈述 3	国内目前从事过积分整合运营的企业案例，商业模式都过于单一，盈利模式不清晰，以致有的企业在失败后认为该行业无有效的商业模式。与此同时，国外企业却有或多或少的成功案例。然而，这些企业的商业模式和关键技术对我们来说大多是"黑盒子"。这也是我们需要突破的地方

基于上述核心需求，指导教师团队与企业代表团队将核心需求的详细内容依据主题框架进行了归类，如表 8-2 所示。

表 8-2 WIZ-H 积分运营案例沙盒教学的主题框架

主题 1：面向全行业的积分运营战略规划	关键思考点	● 参考全球实践，探索新的积分整合运营模式
	预期成果	● 提升学生的定性问题分析与解决方案设计的能力
主题 2：积分运营商业模式预研	关键思考点	● 基于区块链技术的积分互联商业模式
	预期成果	● 提升学生的商业模式的分析与建模技能

(续表)

主题 3: 积分运营商业系统的技术原型	关键思考点	● 积分互联商业系统的关键应用点技术原型
	预期成果	● 提升学生的应用设计与开发能力

8.2.3 编制简短案例指南

指导教师团队根据核心需求和主题框架开发简短案例并配以相关附件，作为将企业实际情况带入课堂的教学指南工具。该案例需要反映企业市场主管和产品主管在定位商业模式与设计核心产品的时候，所面临的商业环境的复杂性和不确定性。因此，该案例的目标是为学生提供身临其境的行业现状、企业目标和问题环境。尤其需要注意的是，该案例沙盒教学项目在国内几乎没有先例可循，在国外也只有为数不多的案例。

指导教师团队在准备 WIZ-H 案例沙盒教学项目的简短案例时，在征得 WIZ 公司和 H 公司的同意后，将相关文档作为附件提供给学生。同时，指导教师团队将核心需求和主题框架内容隐含在简短案例指南的陈述中，以便让学生通过自己的能力及努力挖掘和分析企业的核心需求。表 8-3 显示了为 WIZ-H 案例沙盒教学准备的简短案例的部分抽样内容。

表 8-3　简短案例指南内容的抽样示例：WIZ-H 的积分运营

WIZ 公司及 H 公司简介和业务概述
WIZ 公司是由国内外先进技术团队组建而成的新兴技术公司，区块链技术及其相关应用的系列产品是该公司的核心能力。WIZ 公司致力于通过建立各垂直业态、各企业平台间的信用连接，突破传统商业与业务壁垒，以兼顾效率和公平的原则来实现各类资产的数字化与互联互通，进而实现资源的优化配置和高效共享，助力智慧城市的构建。 　　H 公司是中国一家囊括航空、酒店、旅游、地产、商品零售、金融、物流、船舶制造、生态科技等多业态的大型企业集团。近年来，WIZ 公司基于其自主知识产权的区块链分布式账簿、数字资产管理和智能交易撮合等核心技术为 H 公司提供了一系列解决方案。由此，双方展开了紧密的合作。 　　一段时间后，H 公司注意到了企业会员积分体系的建设和运营问题，发现各行业／企业的会员积分总存量是一个千亿级的潜在市场。众所周知，企业构建会员积分体系的目的是赢得客户、维系客户和增加业绩，然而，企业积分是基于企业信用的虚拟资产，由于企业积分的使用渠道和影响范围均有限，会员积分体系在企业业务运营中产生的作用往往不尽如人意。理论上，若能找到有效的方法以实现不同企业的会员积分体系之间的互联互通，将很可能盘活这个巨量市场。 　　因此，如何盘活这个市场成为各大商家关注的焦点。 　　……
WIZ-H 积分运营案例场景描述
场景 1：关于积分运营商业模式的访谈陈述的摘录 　　"我们希望实现不同商户的积分互换，并且已经研发了相应的产品。然而，首先需要解决的是如何让客户理解这种模式，同时完善商业应用系统，使得客户愿意使用这些产品，这其实还是一个商业模式的问题……"

（续表）

WIZ-H 积分运营案例场景描述
场景2：关于国内外积分运营现状的访谈陈述的摘录
"国内有过类似企业从事积分整合运营，但是它们的商业模式过于单一，盈利模式不清晰，以致有的企业失败后，其创始人断定该行业无有效的商业模式。然而，国外企业却有或多或少的成功先例，只是这些企业的商业模式和关键技术对我们来说是个'黑盒子'。这说明，国外企业一定有独特的运营这个'黑盒子'的核心能力。这些都是我们需要突破的地方……"
（附件：国外主要从事积分整合运营的企业与案例资料，包括文档、视频、论坛索引等）
……
（共 3 000 字，此处略）

8.2.4 设计案例沙盒课程大纲

指导教师团队根据新南威尔士大学商学院和北京航空航天大学经济管理学院对学生能力的培养要求，选择主题框架中的第二个主题作为本次 WIZ-H 案例沙盒教学项目的主题，由此设计课程大纲（如表 8-4 所示）。

表 8-4 课程大纲示例：WIZ-H 积分运营商业模式预研的案例沙盒教学项目

内容
场景：H 公司面向全行业的积分运营商业模式研究
目标：本次沙盒的目的是实现 H 公司面向多业务的会员积分体系的互联互通，研究企业级资产（如积分等）的准确定义，研究合适的商业模式并识别该商业模式中的核心

(续表)

内容
能力（即为 WIZ 公司的技术产品和应用产品进行定位，同时为后续的技术预研方向提出建议）
资源
案例沙盒教学指导书（《SPS 案例沙盒教学方法》），简短案例及其附件材料，包括指导教师团队在前期准备过程中的现场录音，受访者和关键人员的访谈转录稿；WIZ 公司自身的区块链技术平台和积分交换应用平台的相关资料，以及相关行业参考案例材料（特别是国外相关积分运营企业的资料）
活动
● 学生组成若干个小型设计小组（每组 3 名学生） ● 本案例沙盒项目周期为 8 周 ● 指导教师团队将每周举行 3 小时的研讨会。同时，设计小组也会与 WIZ 公司的产品经理和指导教师团队进行每周一次的讨论会议（通过在线方式和／或面对面方式），以汇报和更新项目进度，并讨论期间出现的任何问题。必要时，会邀请 H 公司的市场、产品主管或其他相关人员参与讨论

课程计划		
时间	关键活动	评估与交付
第 1 周	指导教师团队向学生介绍案例沙盒教学项目的背景，并展开现场讨论，目的是让学生充分感知企业的真实场景和问题背景。指导教师开课前一至两周向学生们发放课程材料，以便学生进行初步了解和预习准备。尤其是需要下发 WIZ 公司提供的相关材料，并指导学生使用 WIZ 产品和国内外相关积分平台以体验真实场景。同时，完成学生小组的分组工作	学生小组进行初步分析和总结，明确具体问题并制定问题的陈述列表，同时，提出项目实施的必要资源需求

（续表）

时间	关键活动	评估与交付
	课程计划	
第2周	指导教师团队向学生小组介绍WIZ公司的产品经理，学生小组与企业代表展开对话与讨论；学生开始进行各种形式的访谈和小组讨论；指导教师团队协调WIZ公司的产品经理向学生提供补充资料和技术知识	学生小组从指导教师团队和WIZ公司的产品经理处获得更具体的需求、信息和资源支持，并进行信息整理
第3周	指导教师团队引导学生小组评估问题与设计目标，设计商业模式的研究思路框架，并制订具体的行动计划	学生小组编制中期报告，详述具体的行动计划和研究思路的框架
第4周	学生小组向WIZ公司的企业代表提交中期报告，以获得初次反馈意见，并进行必要的补充访谈和共同研讨	学生小组对研究思路的初稿进行必要的调整，并确定最终的行动计划（项目计划）
第5—6周	学生小组执行项目计划，并在指导教师团队的带领下与WIZ公司保持频繁的沟通，以获得更多的支持。指导教师给予必要的指导，特别是对学生小组的创新和创意给予高度的关注	指导教师团队监控学生小组的进度，学生小组及时向教师提交积分运营商业模式研究方案的更新版本
第7周	学生小组向WIZ公司的管理层汇报和展示研究结果（如有可能，部分学生小组可由指导教师带领向H公司积分业务管理层汇报和展示研究成果）。学生小组根据反馈意见完善解决方案，编制案例沙盒教学的最终项目报告	学生小组提交已汇报和展示的解决方案

(续表)

课程计划		
时间	关键活动	评估与交付
第8周	学生小组向指导教师团队和WIZ公司提供案例沙盒教学项目的最终报告。三方开展座谈会进行项目总结,指导教师团队和企业代表团队对学生小组进行点评,学生小组进行自评并分享经验和心得体会	学生小组提交最终的"案例沙盒教学项目报告",包括向WIZ公司提交的解决方案报告和向指导教师团队提供的课程报告。指导教师团队和WIZ公司共同签署"案例沙盒教学项目报告"
8周的沙盒项目中,指导教师团队需要协助学生主动定义问题、做出决策、解决问题并对结果负责。其中,需重点注意以下几个方面:①使用WIZ公司的产品并对行业相关积分产品进行体验。②分解商业模式中的核心要素——业务模式和盈利模式。然后,识别企业的核心能力,以便对WIZ公司的技术产品和应用产品进行定位,并为WIZ公司后续的技术预研提出建议。③争取向H公司管理层汇报并展示研究成果的机会。		

8.3 案例沙盒教学项目的实施过程

8.3.1 模拟业务场景

在WIZ-H案例沙盒教学项目启动前(课程启动的前两周),指导教师团队将简短案例及有关企业案例情境的附件作为课前阅读材料,提供给学生。该项目前期准备的另一个关键点在于,指导教师团队建议学生积极主动地查阅和分析国外主要的积分运营商的商业模式、产品特征和技术应用,并提供了 POINTS、AIMIA、DROP 等参考案例源。同时,指导教师团队向学生们重点强调了该商业模式参考资料的稀缺性(至少目前的资料在内容上还有很大的搜索空间),鼓励学生发挥想象力和搜索能力,挖掘和分析这些行业先锋企业以及与它们有关的商业逻辑和技术应用(注:这些积极引导使得学生小组在后续的项目执行过程中获得了较大的突破和发现)。

在课程的第 1 周,指导教师团队在课堂上向学生介绍了 WIZ 公司和 H 公司的背景和当前面临的问题,以及会员积分体系和积分运营市场的现状与存在的问题。指导教师团队还通过介绍区块链技术和 WIZ 公司的积分交换平台及其商业意图,强调了该项目极具挑战性,以激发学生的兴趣和斗志。在这个过程中,指导教师团队首先用 Arthur Clarke 的第三定律"任何足够先进的技术,初看都与魔法无异",来引导学生对新兴技术的正确认识,以消除学生们对先进技术和问题的恐惧感。同时,指导教师团队用通俗易懂的语言向学生们解释了区块链技术和比特币的区别,以及如何利用生活常识和知识来理解这个技术及其在 WIZ 公司积分交换平台中的应用。

随后,指导教师团队重点介绍了课程大纲要求,根据学生的特点建立了"研究小组"并进行了角色分工(每个小组 3 名学生,共 5 个小组)。指导教师团队参与了各个小组的讨论,仔细观察学生的表现,据此对学生小组进行了适当调整。

在第 1 周课程结束时,每个学生小组均针对具体的问题场景制定了问题陈述列表(示例如表 8-5 所示),并提出了需要 WIZ 公司进一步提供的必要资源，包括行业／企业相关补充资料和企业接口人员（WIZ 公司的产品经理）的联系方式等。

表 8-5　问题陈述列表示例：WIZ-H 积分运营案例沙盒教学项目

模拟场景：WIZ-H 公司面向全行业积分运营的商业模式
问题陈述 　　针对 WIZ-H 积分运营商业模式的深入访谈和研讨主要围绕以下问题展开： ● 积分交换的目的何在？积分交换的过程中各方如何获益，以及如何保证整个生态系统的正常运转？ ● 什么样的积分适合交换？积分与优惠卡／券之间有什么区别？ ● 积分交换需要什么业务操作或业务引导？积分消费的场景有哪些？积分运营中需要的核心能力是什么？ ● 为什么国内有的人说这个商业模式不可行？ ● …… <div align="right">（以下略）</div>

8.3.2　协作与发现问题，制订行动计划

指导教师团队正式向各个学生小组介绍 WIZ 公司的企业代表团队。WIZ 公司的产品总监带领产品经理团队与北京航空航天大学的师生进行现场会面，并与新南威尔士大学的师生采用网络视频方式进行现场连线。

在第一次访谈和互动期间，每个学生小组向 WIZ 公司的企业代表团队简要地陈述了各自的问题列表。指导教师团队协调控制讨论现场，以便协助学生有效地陈述其问题。现场具体的情况是：由于学生的事先准备充分，在

指导教师团队的引导下,双方沟通非常顺利。企业代表团队反映学生对会员积分体系的知识掌握超出了他们的想象,这也增强了企业代表团队的信心及其对项目成果的期待。此外,在整个访谈和互动过程中,学生们也根据现场情境的变化,实时调整和改进了他们的提问重点和范围。指导教师团队尽量让学生有空间发挥专业设计师的作用,特别是鼓励学生与企业代表之间进行互动,以便深入了解问题背景,并最大限度地发挥其主观能动性。

该阶段的重点目的在于:明晰研究问题,并确定研究任务的顺序。具体来说,通过初步的讨论,学生小组针对 WIZ 公司的核心需求进行任务分解,分解后的任务按照"明晰定义,说服涉众—明晰模式,辅助企业—明晰能力,提出建议"的思路展开(如图 8-1 所示)。

图 8-1　WIZ-H 积分运营商业模式预研项目的任务分解

具体任务 1:明晰定义,说服涉众。进行文献研究,统一各类数字化资产的清晰定义,为 WIZ 公司和 H 公司说服商务客户提供概念基础。

具体任务 2:明晰模式,辅助企业。进行文献与案例的搜索、产品试用与深度分析,找到问题的切入点(借助必要的分析工具),进而研究业务模式和盈利模式。

具体任务 3：明晰能力，提出建议。识别商业模式中所需要的核心能力，并对 WIZ 公司的已有技术产品和应用产品进行定位分析，同时向 WIZ 公司提供下一步技术预研的建议。

在第 4 周，学生小组向指导教师团队和 WIZ 公司的企业代表团队提交了中期报告，展示了其案例沙盒教学项目的行动计划，并获得了企业代表团队关于行动计划和交付成果的反馈意见。

特别需要说明的是：在这个阶段交流的过程中，许多学生充分体会到了面对复杂的现实商业世界，简化能力是非常重要的。例如，部分学生提到了对"简化非简单"的理解，就是要找到合理的切入点，任务分解的三步骤就属于这类的简化。同时，对于参考案例极少的业务领域，部分学生表现得非常兴奋，这表明案例沙盒教学带来的这种开创性是他们勇于挑战的动力。

8.3.3 执行项目行动计划

在接下来的两周时间里，学生小组开始执行 WIZ-H 案例沙盒教学项目行动计划，研究积分运营的商业模式。

1. 项目行动计划中的关键活动

就具体过程而言，本次项目行动主要包括以下关键活动：①学生通过广泛阅读来提高对会员积分运营商业逻辑的理解。相关专业书籍、理论方法、行业应用案例特别是国外的应用案例是主要的二手数据来源。积分会员体系发展已有百余年的历史，深度研究进一步增强了学生对业务场景的理解和对问题识别的敏感性。②学生通过对各类积分应用的试用体验和对专业人员的访谈来收集意见和建议。同时，学生小组定期通过面对面或在线会议与WIZ公司的产品经理和H公司的相关人员沟通，保证问题分析的方向和深度。

特别值得称赞的是，部分学生小组不断地查阅国外相关企业的资料，包括文档、视频，甚至从相关论坛中的用户留言来提取有价值的信息，该行动为学生小组侧面了解国外相关企业产品的用户体验，以及分析这些企业背后的商业模式和核心能力提供了有力支持。例如：某个学生小组参考指导教师提供的附件材料类型（视频资料），搜索各种关于DROP公司（https://www.earnwithdrop.com）的视频，并在DROP公司创始人的一段演讲视频中找到了分析DROP公司盈利模式的线索。此外，指导教师团队鼓励学生学以致用，利用各种研究工具和理论知识来帮助分析。例如：某个学生小组利用系统动力学的工具来推导积分悖论的产生原因，并找到解决该悖论的因果关系结构的突破点。

在此期间，指导教师团队引导学生小组对解决方案进行了两次迭代，以确保路线图规划的方向和深度。在这个阶段结束时（第6周结束时），学生完成了解决方案和展示报告，并提交给指导教师团队和WIZ公司的企业代表团队。

2. 项目行动计划中的三个任务

各个学生小组的工作基本围绕以下三个任务展开。

任务1：明晰定义，说服涉众

该任务的重点在于让可能参与H公司全行业积分运营的相关商户（即

有可能将自己的积分体系纳入 H 公司的积分体系）理解积分的真正作用和潜力，特别是区块链技术给企业积分带来的意义。这就需要对企业积分作为企业级虚拟资产的概念进行清晰的定义，并说明区块链技术在其中的作用。

任务 2：明晰模式，辅助企业

该任务的重点在于详细分析国内外相关案例，研究积分运营的关键问题，设计适合 H 公司积分运营的商业模式。其中，学生小组首先充分剖析了国外案例中的商业模式。通过对比，识别了国内积分运营企业的商业模式存在的问题及失败原因。随后，学生小组采用系统动力学的工具对问题和失败原因进行了因果关系分析，找到了 H 公司积分运营商业模式的切入点，着力解决积分悖论。最后，学生小组结合商业模式研究结果和主要案例分析结果，对 WIZ 公司核心产品的积分交换平台进行了以"跨行业／跨企业的积分支付功能"为核心的重新定位，既利用了该产品的核心能力，又将该产品的可操作性挖掘出来，以支持积分运营的商业模式。

任务 3：明晰能力，提出建议

一方面，学生小组基于 WIZ 公司的核心产品及积分交换平台的已有能力，提出了对该平台进行以支付功能为核心的重新定位，并提出了两阶段发展策略。这给 WIZ 公司和 H 公司均带来了很大的启发。另一方面，学生小组进一步提出，根据国外案例的经验，开发基于用户行为的推荐的数据分析能力与系统是支撑积分运营商业模式的另一个核心能力，该建议也被 WIZ 公司和 H 公司采纳（特别说明：积分运营的数据分析已经成为一个新的案例沙盒教学项目）。

学生小组的研究结果部分示例如图 8-2 所示。

8.3.4 汇报与提交项目成果

第 7 周,学生小组正式向 WIZ 公司的企业代表团队和指导教师团队介绍他们的解决方案。在项目成果汇报会上,指导教师团队和 WIZ 公司的企业团队组成了一个评审小组,学生小组向评审小组详细展示了他们对积分运营商业环境的理解和解决方案,重点展示了他们解决问题的过程、方法和成果。与此同时,指导教师团队在汇报之前提醒各个学生小组负责人,在项目汇报时简化对背景和理论的说明与解释,强调工作内容和成果,以便企业代表团队能够更好地理解项目成果。

评审小组从方案创意、方案可行性、采用的技能与技巧等方面进行了评估,企业代表团队重点关注解决方案是否能给 H 公司的积分运营、WIZ 公司的产品定位与设计提供有益的参考和有见地的创意,指导教师团队则需要进一步通过小组各成员的汇报和问答来全面考察与评估学生的工作量与能力。

最后,评审小组给出了详细的评审意见。学生小组根据评审意见在一周内改进了自己的解决方案并提交给评审小组进行最后评议。同时,学生小组将解决方案编制成提供给 WIZ 公司的案例沙盒解决方案报告,以及提供给指导教师团队的案例沙盒课程报告,两个报告共同形成了完整的 WIZ-H 案例沙盒教学的项目报告。期间,WIZ 公司还将学生小组的报告提交给 H 公司的负责人和相关人员进行讨论,并给学生小组反馈来自 H 公司的意见,这进一步帮助学生小组完善了他们的方案,也让学生充分认识到了该项目成果的价值。

8.3.5 总结和思考

指导教师团队与 WIZ 公司的企业代表团队在第 8 周组织各个学生小组召开最后的总结思考研讨会，该会议采用公开讨论的方式进行。

学生们多次提到这种教学模式非常有吸引力，也更具挑战性。通过案例沙盒教学项目，学生们克服了对实际商业问题的畏惧感。同时，指导教师团队引导学生小组在案例沙盒教学项目中充分运用相关工具和理论来解决问题，让学生们学习到了应该如何灵活运用书本知识。学生们还提到跨国界的合作进一步拓宽了他们的国际视野。

指导教师团队指出案例沙盒教学项目营造的安全创新环境为学生们提供了试错机会，这种较为宽松的环境激发了学生的创造力，也为 WIZ 公司提供了聚集智力资源和成果的机会。同时，指导教师团队还鼓励学生反思和分享经验教训，为未来的改进提出建议。WIZ 公司的企业代表团队高度肯定了案例沙盒教学模式，提出了长期合作意向，并且转达了 H 公司对案例沙盒教学项目成果的肯定与采纳。同时，WIZ 公司和 H 公司均对参与沙盒项目的学生们发出了未来的工作邀请。

最后，指导教师团队和 WIZ 公司共同签署了各个学生小组的"WIZ-H 公司积分运营商业模式预研：案例沙盒教学项目报告"，正式关闭本次案例沙盒教学项目。

第 9 章
案例沙盒实例：WIZ-QH 智慧城市智能停车场系统预研

9.1　案例沙盒背景概述

　　WIZ 公司是由国内外先进技术团队组建而成的新兴技术公司，区块链技术及其相关应用的系列产品是该公司的核心能力。WIZ 公司致力于通过建立各垂直业态、各企业平台间的信用连接，突破传统商业与业务壁垒，以兼顾效率和公平的原则来实现各类资产的数字化与互联互通，进而实现资源的优化配置和高效共享，助力智慧城市的构建。QH 管理局是某城市重要区域的管理部门，QH 区是该城市的智慧城市试点区。众所周知，智慧城市的核心目标是实现社会资源共享和最优化配置。其中，交通是城市的血脉，而停车场作为静态交通环节，是动态交通的延续，是整个交通体系中的重要组成部分。如何解决停车难和交通堵塞这个"城市之痛"，影响着城市的可持续发展、环保减排，以及居民的出行质量和工作效率等，也是实现智慧城市目标的关键一环。

目前，市面上已经有很多停车应用，充分利用了物联网技术（Internet of Things, IoT）、基于位置的服务（Location Based Services, LBS）、移动互联技术及智能停车控制设备来实现车位信息的共享和使用。然而，仍然还有许多亟待解决的问题，例如：不同管理单元的停车位资源如何自由共享，停车位资源如何实现高效的利用和调度，停车位资源作为公共资源如何兼顾效益和公平，等等。因此，WIZ 公司与 QH 管理局开展合作，准备在 QH 管理局的管辖范围内，开展新型智能停车场系统的试点。其中，WIZ 公司将区块链技术应用于该新型智能停车场系统，将需要解决的问题聚焦在：①通过区块链技术实现社会各类停车位资源与管理系统的互联互通，包括商业写字楼停车场、居民小区停车场、路边市政停车场等。②引入预订停车位的模式，有利于人们规划其时间安排，减少其寻找车位的时间和资源损失，有利于实现资源使用状况的透明化；同时，系统方案又需要解决预订过程中的各种恶意占位问题，提高人们的诚信意识并建立信用体系。③设计新型的智能停车场系统不仅要考虑收益，更要考虑社会资源的公平分配和有效利用，如防止"有钱任性"的人滥用预订功能，这在资源紧缺的城市中是十分有必要的。

为了解决上述问题，WIZ 公司委托由澳大利亚新南威尔士大学商学院、北京航空航天大学经济管理学院和燕山大学燕软集团组成的指导教师团队共同设计了 WIZ-QH 智慧城市智能停车场系统预研的案例沙盒教学项目，旨在通过高校学生的创意思维和创新实践，为 WIZ 公司和 QH 管理局的新型智能停车场解决方案提供参考建议。

9.2 案例沙盒教学的设计过程

9.2.1 甄选合作企业

指导教师团队仔细考虑了以下关键因素，最终选择与 WIZ 公司联合设计和实施 QH 智慧城市智能停车场系统预研的案例沙盒教学项目。

（1）指导教师团队考虑到选定的企业及其业务和技术应用，均富有现实意义和极大吸引力，可以用来激发学生的好奇心和参与兴趣：①智慧城市本身就是一个万众瞩目的热门话题，智能停车场是人们最为熟悉的智慧城市应用之一。②区块链技术是当今最炙手可热的新兴技术，其应用潜力和适用范围非常大。③QH 区域作为现代服务业试点区域，属于国家重点发展地区，其创新环境非常好，这进一步保证了对 QH 智慧城市智能停车场系统研发广度和深度拓展的可能性。

（2）指导教师团队认为该企业的问题非常适合采用案例沙盒教学，并能够获得企业的准入许可：①由新南威尔士大学商学院、北京航空航天大学经济管理学院组成的指导教师团队在与 WIZ 公司合作的"WIZ-H 积分运营商业模式预研"案例沙盒教学项目中取得较好效果，从而使得双方具备了可持续的案例沙盒教学的项目合作前景。②WIZ 公司在将区块链技术应用从企业级资产转到社会级资源的过程中，遇到缺少先例可循的若干新问题，需要进行相应的预研工作，这也符合案例沙盒教学的特征与目标要求。③指导教师团队所属的管理信息系统专业正是信息技术与商业管理结合的交叉学科，指导教师团队具备丰富的信息技术与行业应用经验。

因此，WIZ 公司决定再次委托新南威尔士大学商学院、北京航空航天大学经济管理学院的指导教师团队联合设计与实施 WIZ-QH 智慧城市智能停车场系统的案例沙盒教学项目。与此同时，在该案例沙盒项目的实施过程中，WIZ 公司遇到了资产数字化管理体系的关键技术与应用问题，进而又邀请到了燕山大学燕软集团的指导教师团队参与研究，利用其在信息资源规划方面的经验，展开了相应的行动研究，以解决区块链技术在社会资源的数字化管理体系中的技术架构问题。

9.2.2 确认核心需求与构建主题框架

WIZ 公司在决定与新南威尔士大学商学院、北京航空航天大学经济管理学院的指导教师团队联合开展 WIZ-QH 案例沙盒教学项目后，派出企业代表（WIZ 公司的产品经理及技术总监）与指导教师团队一起讨论案例沙盒的核心需求与主题框架。

WIZ 公司首先引述了 QH 管理局的需求，总结起来有下四点：①如何使停车场的业主方和物业管理方能够盘活停车位的存量资源，并改善运营效率，实现商业价值最大化；②如何使机动车车主获得便利、优质的停车服务，即快捷地获知停车位信息、提前预订车位、快速找寻车位、优惠与便捷支付、免排队少等待和灵活处置车位使用权；③如何实现停车利益相关者（车主／业主／监管者）、机动车、停车设施（场内／道边），即"人、车、场"三者之间的高效协同；④如何实现高标准的智慧交通闭环治理，即城市区域内的停车设施标准统一、互联互通、车位共享、综合监控，以及公平保障和信用控制。

基于 QH 管理局的上述需求和 WIZ 公司关于智能停车场系统的初步方案，指导教师团队详细梳理了 WIZ 公司和 QH 试点区域的相关资料，并详细整理了国内外智能停车应用的相关资料。特别需要指出的是，该案例属于世人皆知而又相对陌生的案例。"世人皆知"是指大家在生活中都有体验，"相对陌生"是指人们大都没有深度关注过其内在的机制和原理。因此，对于已有功能和新兴需求之间的关系，WIZ 公司的产品经理精辟地概括为"规定动作不走样，自选动作有创新"。对于如何理解和掌握"规定动作"，如何创新"自选动作"，指导教师团队认为这个问题非常适合采用案例沙盒教学，可以向学生提出该问题，学生充分发挥其想象力、创造力和搜索能力，借此挖掘和分析该案例内在的业务逻辑和技术应用模式。

此后，指导教师团队与企业代表团队紧密合作，对 WIZ 公司和 QH 管理局的核心需求进行了详细梳理和讨论，并与 WIZ 公司的产品经理及技术总监确认了核心需求，其概述如表 9-1 所示。

表 9-1　确认后的 WIZ-QH 智慧城市智能停车场系统核心需求概述示例

核心需求	概述
需求陈述 1	停车资源属于社会公共资源，不仅要考虑收益，还要兼顾公平，同时提升人们使用公共资源的集约意识
需求陈述 2	QH 区域的试点停车场涉及 7 个业主单位，并需要兼顾周边商／民两类停车资源，因此需要考虑上述需求中的各种异常情况
需求陈述 3	针对各种场景中的停车资源共享和公平使用，如何通过区块链技术的应用来进行综合保障
需求陈述 4	现在车位紧缺，停车行为又是高频刚需，用户更愿意在出发前有准备地通过手机软件预订车位，愿意提前预付车位费。如何从产品流程设计的角度和用户行为培养的角度更好地推行用户先预订后停车的模式

基于上述核心需求，指导教师团队与企业代表团队将核心需求的详细内容依据主题框架进行了归类，如表 9-2 所示。

表 9-2　WIZ-QH 智慧城市智能停车场系统案例沙盒教学的主题框架

主题 1：智慧城市停车位资源的智能管理规划	关键思考点	● 参考全球实践，探索智慧城市智能停车管理的新模式
	预期成果	● 提升学生的定性问题分析和解决方案设计的能力
主题 2：数据分析与主题建模	关键思考点	● 智能停车场的资源调度模型
	预期成果	● 提升学生的数据分析与建模的技能
主题 3：技术原型	关键思考点	● 智能停车场的信息系统原型
	预期成果	● 提升学生的信息系统的设计与实施能力

9.2.3 编制简短案例指南

指导教师团队根据核心需求和主题框架开发简短案例并配以相关附件,作为将企业实际情况带入课堂的教学指南工具。该案例需要反映企业产品经理与技术主管在设计产品及功能时,所面临的商业环境的复杂性和不确定性。

指导教师团队在准备 WIZ-QH 案例沙盒项目的简短案例时,在征得 WIZ 公司的同意后,将相关文档作为附件提供给学生。同时,指导教师团队将核心需求和主题框架内容隐含在简短案例指南的陈述中,以便让学生通过自己的能力及努力挖掘和分析企业的核心需求。表 9-3 显示了为 WIZ-QH 案例沙盒教学准备的简短案例的部分抽样内容。

表 9-3　简短案例指南内容的抽样示例:WIZ-QH 的城市停车场现状与规划

WIZ 公司和 QH 管理局的业务概述
截至 2016 年第一季度末,QH 区域所在城市的汽车保有量已超过 320 万辆,总量居全国第三、密度居全国第一,城市停车设施高峰时段供给不足的问题日益突出,主要表现在:①开车则停车难,不开车则出行难;②停车费用贵,而且难找停车位;③白天商业区的车位爆满,但周边居民区部分车位闲置,晚上则相反,资源未能充分利用;④乱停车阻碍交通、影响市容,存在各种安全隐患。 这个"城市之痛"阻塞了动态交通,对城市可持续发展、环保减排、车辆保有及居民出行质量、工作效率等都提出了新挑战。现有的停车解决方案成本高、实施难度大,并且存在许多的功能缺失。区块链技术的应用可以有效地解决社会参与成员之间的信任问题,进而为解决智慧城市中停车位资源的共享配置、优化利用、降低成本等问题提供了安全和高效的分布式技术手段。WIZ 公司希望通过技术应用创新实现 QH 区域"停车一体化",满足出行民众的需求,从而实现 QH 区域停车场资源的

（续表）

WIZ 公司和 QH 管理局的业务概述
最大化利用和智慧化管理。然而，仅仅有合适的技术是不够的，停车位资源的共享与配置仍然是一个重要的管理问题……
WIZ-QH 智能停车场系统应用需求的场景描述
场景 1：关于智慧城市停车场规划的访谈陈述的摘录 　"停车场资源包括商业写字楼停车场、居民小区停车场、路边市政停车场，涉及不同的业主、不同的用户、不同的使用时间、不同的共享需求和使用习惯等，在设计中需要综合考虑这些问题……" 场景 2：关于智慧城市停车场资源管理方式的访谈陈述的摘录 　"一般的停车场都是采用临时停车或固定租赁的方式，国外许多停车场采用到场后定时停车的方式等。QH 管理局希望通过互联网预订的方式来实现资源的提前分配，然而，任何一种方式都有利有弊，如何识别这些利弊并解决和利用之，是智能停车场中资源管理的重要议题……" 场景 3：关于智慧城市停车场系统技术实现的访谈陈述的摘录 　"区块链技术可以实现不同所有权的资产互联互通，停车位资源的共享和使用可通过区块链技术来保障。此时，区块链需要记录停车位资源相关信息……" 　…… <div align="right">（约 3 000 字，此处略）</div>

9.2.4　设计案例沙盒课程大纲

指导教师团队根据新南威尔士大学商学院和北京航空航天大学经济管理学院对学生能力的培养要求，选择主题框架中的第二个和第三个主题作为本次 WIZ-QH 案例沙盒教学项目的主题，设计课程大纲如表 9-4 所示。

表 9-4　课程大纲示例：WIZ-QH 智慧城市智能停车场系统预研案例沙盒项目

内容
场景：QH 智慧城市的智能停车场系统设计（面向多业主停车位资源的管理） 目标：本次沙盒的目的是实现面向多业主停车位资源共享与调配的问题和系统方案，研究其中的关键问题并设计分析模型和系统模型
资源
案例沙盒教学指导书（现《SPS 案例沙盒教学方法》），简短案例及其附件材料，包括指导教师团队在前期准备过程中的现场录音，受访者和关键人员的访谈转录稿；WIZ 公司的区块链技术相关材料，WIZ 公司关于智能停车场系统的初步方案，以及相关补充材料
活动
● 学生组成若干个小型"设计小组"（每组 4 名学生） ● 本案例沙盒项目周期为 8 周 ● 指导教师团队将每周举行 3 小时的研讨会。同时，"设计小组"也会与 WIZ 公司产品经理和指导教师团队进行每周一次的讨论会议（通过在线方式和／或面对面方式），以汇报和更新项目进度，并讨论期间出现的任何问题

（续表）

课程计划		
时间	关键活动	评估与交付
第1周	指导教师团队向学生介绍案例沙盒教学项目的背景，并展开现场讨论，目的是让学生充分感知企业的真实场景和问题背景。指导教师开课前一至两周向学生们发放课程材料，以便学生进行初步了解和预习准备。尤其是需要下发WIZ公司提供的相关材料，并指导学生现场感知商用／民用停车场的真实场景。同时，完成学生小组的分组工作	学生小组进行初步分析和总结，明确具体问题并制定问题的陈述列表，同时，提出项目实施的必要资源需求
第2周	指导教师团队向学生介绍WIZ公司的产品经理，学生小组与企业代表展开对话与讨论；学生开始进行各种形式的访谈和小组讨论。指导教师团队协调产品经理向学生提供补充资料和技术知识	学生小组从指导教师团队和WIZ公司产品经理处获得更具体的需求、信息和资源支持，并进行信息整理
第3周	指导教师团队引导学生小组评估问题与设计目标，并设计系统方案的研究思路框架，制订具体的行动计划	学生小组编制中期报告，详述具体的行动计划和研究思路的框架
第4周	学生小组向WIZ公司的代表提交中期报告，以获得初次反馈意见，并进行必要的补充访谈和共同研讨	学生小组对设计思路的初稿进行必要的调整，并确定具体的行动计划（项目计划）

（续表）

课程计划		
时间	关键活动	评估与交付
第5—6周	学生小组执行项目计划，并在指导教师团队的带领下与WIZ公司保持频繁的沟通，以获得更多指导与支持。指导教师团队给予必要的指导，特别是对学生小组的创新和创意给予高度的关注	指导教师团队监控学生小组的进度，学生小组及时向教师提交WIZ公司关键分析模型的解决方案（需要注明迭代版本）
第7周	学生小组向WIZ公司的管理层和技术负责人汇报并展示解决方案。学生小组根据反馈意见完善解决方案，编制案例沙盒教学项目的最终报告	学生小组提交汇报展示的解决方案
第8周	学生小组向指导教师团队和WIZ公司提供案例沙盒教学项目的最终报告。三方开展座谈会做项目总结，指导教师团队和企业代表团队对学生小组进行点评，学生小组进行自评并分享经验和心得体会	学生小组提交最终的"案例沙盒教学项目报告"，包括向WIZ公司提交的解决方案报告和向指导教师提供的课程报告。指导教师团队和WIZ公司企业代表团队签署"案例沙盒教学项目报告"

  8周的沙盒项目中，指导教师团队需要协助学生主动定义问题、做出决策、解决问题并对结果负责。其中，需重点注意以下几个方面：①教师指导学生现场感知商用／民用停车场的真实场景。②依据WIZ公司的方案，梳理和选择可操作的建模任务；在这个过程中，还需要进行相应的任务细化。③学生小组需要同时向WIZ公司的产品经理及技术主管汇报并展示解决方案。

9.3 案例沙盒教学项目的实施过程

9.3.1 模拟业务场景

在 WIZ-QH 案例沙盒教学项目启动前（课程启动的前一周），指导教师团队将简短案例及有关企业案例情境的附件作为课前阅读材料，提供给学生。该项目前期准备的另一个关键点在于，指导教师团队建议学生积极主动地去各类停车场进行实地勘察和体验，并下载各种停车场应用进行试用和体验。同时，指导教师团队还向学生们重点强调了预订停车模式相关参考资料的稀缺性，鼓励学生发挥想象力和搜索能力，挖掘和分析相关资料。

在课程的第 1 周，指导教师团队在课堂上向学生介绍了 WIZ 公司和 QH 管理局的背景和问题，以及城市停车场的市场现状与问题。随后，指导教师团队重点介绍了课程大纲要求，根据学生的特点建立了"设计小组"并进行了角色分工（每个小组 4 名学生，共 4 个小组）。指导教师团队参与各个小组的讨论，仔细观察学生的表现，据此对学生小组进行了适当的调整。

在第 1 周课程结束时，每个学生小组均针对具体的问题场景制定了问题陈述列表（如表 9-5 所示），并提出需要 WIZ 公司进一步提供的必要资源，包括行业/企业相关补充资料和企业接口人员（WIZ 公司的产品经理）的联系方式等。

表 9-5　问题陈述列表示例：WIZ-QH 智能停车场系统案例沙盒教学项目

模拟场景：QH 智能停车场系统中的多业主停车位资源管理
问题陈述 针对 WIZ 公司的深入访谈和研讨主要围绕以下问题展开： ● 在 WIZ 公司的初步方案中，选择车位预订和车位临时停放并存的目的是什么？相互有何约束？ ● QH 区域的 7 个试点停车场及周边停车位资源的具体情况有哪几类？分别采用什么设备进行管理？客户管理归属权是统一的还是分散的？ ● 在 WIZ 公司的初步方案中，所考虑的异常情况分别有哪些？产生异常的原因是什么？之间存在什么关系？我们是否可以做进一步的扩展？ ● 多个停车场系统以及相关子系统之间的连接方式是什么？区块链技术在这个方案中的作用是什么？ 　　…… <div align="right">（以下略）</div>

9.3.2　协作与发现问题，制订行动计划

指导教师团队正式向各个学生小组介绍 WIZ 公司的企业代表团队。WIZ 公司产品经理及技术总监与北京航空航天大学的师生进行现场会面，并与新南威尔士大学的师生采用网络视频方式进行实时会面。

在第一次的访谈和讨论期间，每个学生小组向 WIZ 公司的企业代表团队简要地陈述了各自的问题列表。指导教师团队协调控制讨论现场，以便协助学生有效地陈述其问题。此外，在整个访谈和互动过程中，学生们也根据现场情境的变化，实时调整和改进了他们的提问重点和范围。指导教师团队

尽量让学生有空间发挥专业设计师的作用，特别是鼓励学生与企业代表之间进行互动，以便深入了解问题背景，并最大限度地发挥其主观能动性。

该阶段的重点目的在于明晰研究问题，并确定研究任务的顺序。具体来说，WIZ公司提供了初步编制的解决方案，其中涵盖了数据分析与建模、技术原型开发等需求，并列举了包含7个预研点的备选列表。经过双方的讨论，学生小组在WIZ公司的7个备选预研点中选择了3个作为正式预研点，并进一步将其分解成6个预研任务（如图9-1所示），这些任务主要集中在应用算法与建模、技术架构优化设计等方面。指导教师团队和企业代表团队确认预研需求后，将任务分配给学生小组，各个学生小组依此来制订行动计划并完成中期报告。

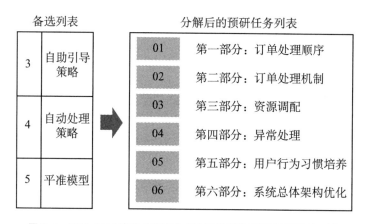

图9-1 WIZ-QH案例沙盒项目从备选列表到分解后的预研任务列表

需要特别说明的是，指导教师团队和WIZ公司的企业代表团队在实施过程中发现，需要基于区块链的账簿结构模型（即本项目条件下的资产数字化模型）来确定预研任务中涉及的各项数据来源、传递方式和保障措施。

WIZ公司的企业代表团队指出，WIZ公司的产品中暂时没有如此细致地考虑社会资源中的资产数字化模型，虽然这个问题暂时不会影响当前的算法设计，但是会影响上述预研成果的实际应用和数据架构的优化，同时还涉及区块链底层技术和上层应用的衔接。因此，WIZ公司邀请燕山大学的指导教师团队加入，利用其在信息资源规划方面的经验进行行动研究，研究如何利用区块链技术建立社会资源的资产数字化管理体系，并设计该体系下的资产数字化技术架构模型（该行动研究详见本书的第四部分）。

9.3.3 执行项目行动计划

在接下来的两周时间里，学生小组开始执行WIZ-QH案例沙盒教学项目行动计划，设计智能停车场中的关键模型与算法，以及优化设计系统架构等。

1. 项目行动计划中的关键活动

就具体过程而言，本次案例沙盒教学项目行动主要包括以下关键活动：①学生通过广泛阅读来分析和识别建模设计中的关键问题和风险。相关专业书籍、理论方法、行业应用案例、相关算法与应用实例等是主要的二手数据来源。这些数据来源进一步增强了学生对业务场景的理解和对问题识别的敏感性。②学生通过对各类停车场的现场勘察和对专业人员的访谈来收集意见和建议。首先，学生小组定期通过面对面交流或在线会议讨论与WIZ公司的产品经理沟通，确保问题分析和策略拟订的可理解性。其次，学生小组在指导教师团队的协助下，挑选了若干不同类型的停车场进行现场勘察和调研，了解停车场管理的现状和问题。最后，指导教师团队通过"小组竞赛"的方式来激励各个学生小组，以发展模型与算法设计的多样性和互补性。

在此期间，指导老师团队引导学生小组对解决方案进行了三次迭代，以确保算法研究和技术原型实现的方向和深度。在这个阶段结束时（第7周），学生完成了解决方案及其展示报告，并提交给指导教师团队和WIZ公司的企业代表团队。

2. 项目行动计划中的任务实现

指导教师团队在需求分析过程中给予了学生小组重要的启发：所有方案都需要充分考虑所有利益相关方的需求，即车主、业主和管理部门在内的"需求均衡点"（如图9-2所示）。由此，学生小组首先基于WIZ的初步方案，完善了预订停车业务流程，随后进行了详细的建模与算法设计，最后在此基础上完善了信息系统建设方案的建议。

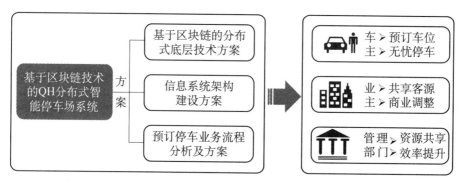

图9-2　WIZ-QH智慧城市智能停车场系统预研项目的"需求均衡点"分析

其中，学生小组通过对问题的分类和组合、算法的设计、技术原型的验证、应用策略的研究以及系统架构的优化设计来实现案例沙盒教学项目的预研任务要求（部分示例成果如图9-3所示）。

9.3.4 汇报与提交项目成果

第 7 周，学生小组正式向 WIZ 公司的企业代表团队和指导教师团队介绍他们的解决方案。在项目成果汇报会上，指导教师团队和 WIZ 公司的企业代表团队组成了一个评审小组，学生小组分别向 WIZ 公司进行成果陈述。WIZ 公司首席执行官、产品经理及技术总监均参加了汇报会。学生小组的成果汇报受到合作单位的充分肯定和高度评价。

在介绍项目结果时，各个学生小组均清晰明确地表达和证明了他们的模型和算法。在这个阶段，学生小组说明了选择的预研点和细分的任务，并详细阐述了基于停车位资源动态配置的集约化模型和多种算法等创新成果。

WIZ 公司的产品经理表示学生小组的沙盒成果超出了预期，扩展了初步方案中的许多场景，例如 WIZ 公司的一位产品经理提到："同学们的解决方案，特别是在停车例外流程中创造性地设计和实现了续订功能，有效弥合了用户预订停车时间与实际停车时间的不一致问题，降低超时停车对管理的难度，与用户现有停车习惯实现了有效的衔接与过渡。同时，信用账户的建立模式，在用户的信用管理上有很好的应用价值。"

此外，WIZ 公司的产品经理及技术总监对模型和算法提出了相应的改进意见，并探讨了 WIZ 公司自有的区块链账簿模型及撮合算法与学生小组的研究成果在产品应用上的结合点。

最后，评审小组给出了详细的评审意见。学生小组根据评审意见在一周内改进了自己的解决方案并提交给评审小组进行最后评议。同时，学生小组将解决方案编制成提供给 WIZ 公司的案例沙盒解决方案报告,以及提供给指导教师的案例沙盒课程报告。两个报告共同形成了完整的 WIZ-QH 案例沙盒教学的项目报告。

9.3.5 总结和思考

指导教师团队与 WIZ 公司的企业代表团队在第 8 周组织各个学生小组召开最后的总结思考研讨会,该会议采用公开讨论的方式进行。

学生们多次提到这种"接地气"的课题非常有吸引力,特别是来自企业的认可让他们有信心面对未来工作中的重点和难点问题;同时,"小组竞赛"的模式让大家有竞争感和紧迫感,有助于激发自身的潜能,这才带来了多样化的算法设计实例。

指导教师团队指出案例沙盒教学模式将传统的横向项目与纵向研究很好地结合起来了,在本沙盒教学项目中不仅完成了设计任务,而且还进行了行动研究。同时,指导教师团队和 WIZ 公司的企业代表团队都认为案例沙盒的比较安全的实践和创新环境为学生提供了试错机会,这种较为宽松的环境真正地激发了学生的创造力。同时,WIZ 公司的企业代表团队也表示,案例沙盒教学实践再一次为企业提供了丰富的智力支持和贴近实际项目的研究成果,这种创新合作模式正在逐步开创企业和高校双赢的局面。

最后,指导教师团队和 WIZ 公司的企业代表团队联合签署了各个学生小组的"WIZ-QH 智慧城市智能停车场系统预研:案例沙盒教学项目报告",正式结束本次案例沙盒教学项目。

第四部分

SPS 案例沙盒：教学价值扩展

第 10 章

SPS 案例沙盒与行动研究

10.1 从案例沙盒到行动研究

10.1.1 行动研究的基本概念

长期以来，人们习惯于将实践者从事的实际活动和实际工作称为行动，而将专家学者或专业研究者对事物规律的探索称为研究。在这种传统认识下，行动与研究长期分离，造成理论与实践在一定程度上的脱节。行动研究（Action Research）作为一种社会科学领域中的研究方法，是一种将研究者与实践者的智慧和能力结合起来解决实际问题的方法。

行动研究源于教育领域。以前，虽然我们在报纸或杂志上常常看到许多有关教育改革或教学革新的文章,但是由于许多理论研究远离常态的学校生活、实际的课堂教学和复杂的教学过程,导致当我们在实际的教育教学中遇到难题时,真正可以指导教师成功解决实际问题的理论方法相对较少。因此,教育相关的研究多是呈现出"为文章而研究、为科研而文章"的现象,而在教育实践中遇到的真实问题又难以反映在教育研究中,这是造成教育研究与教育实践之间脱节的主要原因。20 世纪 90 年代后期,行动研究的主张和方法开始为越来越多的教育研究者所重视,并被广泛运用于教育实践。行动研究被认为是克服教育理论与实践之间长期脱节的一种新的教育研究方法。因此,在教育领域,行动研究指的是一种教师为解决教学实践中出现的问题或改变教学现状,按照系统的操作程序、综合运用多种研究手段、参与并采取实际行动而进行系统研究的一种反思性方法,其目的不在于建立理论,而是针对教育活动与教育实践中的问题,在实践行动中不断地探索、改进和解决实际问题。

目前,行动研究由于其能够有效地将研究与实践相结合,突破了"注重理论但实践性不强"或"注重实践但理论贡献不足"等方面的瓶颈,正逐步被研究者和实践者运用到教育以外的领域。SPS 案例沙盒教学方法则将行动研究方法引入案例沙盒实践,使得案例沙盒的行动实践和行动研究实现有效的结合,对案例沙盒的"产学研"模式进行延展,帮助指导教师和学生将案例沙盒行动实践中解决重点、难点问题所发展的新理论和新方法总结出来,进一步形成研究成果。

因此,结合已有的关于行动研究的各种定义,我们将其定义为:行动研究是指针对某个现实问题,由研究者和实践者共同参与解决的一种研究方法,它涉及问题诊断、行动干预与反思学习等环节。可见,行动研究是研究者和实践者在双方都可以接受的法律和道德框架内进行协作,既要解决实践中突然出现的重点、难点问题,又要为社会科学发展做出贡献。更通俗地讲,行动研究既帮助研究者获得研究资料,同时也给予实践者一些决策建议;研究者参与到整个情境中,并且通过研究及其结论来影响整个过程的运行。例如,在对企业某个系统实施项目的行动研究中,研究者与项目实施者共同工作,研究者不仅跟踪整个系统实施的过程,对这个过程中出现的问题进行记录和分析,同时,又会基于分析结果,与项目实施者一起商讨和决策,从而影响实施的过程。正是因为具备这种研究者和实践者共赢的特性,行动研究作为一种有效的研究方法,已经被各个应用领域广泛接受。

10.1.2 行动研究的特征原则

我们可以通过行动研究与案例研究之间的差别来理解行动研究的特征。一方面,行动研究的研究者会直接参与到行动过程中,而案例研究的研究者则是侧重于观察行动过程。另一方面,行动研究强调合作、参与和学习,案例研究则注重观察、解释和总结。因此,行动研究强调将研究与实践相结合,突破"注重理论但实践性不强"或"注重实践但理论贡献不足"的研究窘境。与案例研究相比,行动研究的特征主要体现在目的、对象、过程三方面（如图 10-1 所示）。

（1）目的——为行动而研究：表明了行动研究的价值取向。行动研究关键在于解决实践中的真实问题，并总结出相关理论。

（2）对象——对行动的研究：指明了行动研究的对象，即要求行动研究者研究自身参与的实践，而不是他人的实践。

（3）过程——在行动中研究：研究和行动不是平行的两条线，而是并行不悖、自始至终融合在一起的。通过研究者和实践者的共同参与，将理论与实践融为一体。

图 10-1　行动研究的三个特征

因此，行动研究体现出三个核心原则：合作性、参与性和系统性。

（1）合作性：强调研究者和实践者通过合作来研究与解决问题。

（2）参与性：强调研究者在实践中设计方案并进行研究，研究者既是设计者，又是直接参与者。

（3）系统性：强调行动研究是一个完整的系统过程，包括发现和确定研究问题、设计方案、实施计划、观察反思结果、继续发现新问题并开展新一轮研究。

10.1.3 行动研究与案例沙盒

行动研究是以解决实际问题为目的，由研究者与实践者共同参与，边研究边行动的一种科学研究方法。行动研究强调理论与实践的结合，涉及问题诊断、行动干预与反思学习等方面。

案例沙盒则是以培养学生能力和鼓励学生创新为目的，基于真实的商业、技术和决策情境以及开放性的问题与需求，面向未来且生动真实的案例主题设计，通过案例沙盒项目实验室的模式，创造出的一个比较安全的实践和创新环境，指导教师引导学生以恰当的身份和方式参与企业的实践和解决实际的问题。案例沙盒教学模式将教学实践和企业实践结合在一起，通过实践来实现培养学生能力的目的。

行动研究和案例沙盒之间的对比如表 10-1 所示。

表 10-1 行动研究与案例沙盒对比

	行动研究	案例沙盒
目的	解决实际问题	通过实践来培养能力
人员	研究者与实践者共同参与	教师、学生与企业代表共同参与
手段	研究 + 行动	教学实践 + 企业实践
原则	系统性、参与性、合作性	结构化、实用化、情境化
本质	强调过程与可持续发展（长期行为）	强调过程和参与（中、短期行为）
结论	结论可直接用于改进实践过程	结论可为实践结果提供直接参考

通过对比发现，行动研究法与案例沙盒教学方法之间存在高度的契合性

和互补性。一方面，两者都强调不同类型的参与者在面向真实问题的框架或环境下开展合作。另一方面，案例沙盒强调参与者能够灵活运用已有的理论和知识，在学习中实践、在实践中学习，从而解决现实问题和培养能力；当遇到重点或难点的问题，尤其是需要对理论方法进行改进或创新的时候，行动研究将通过专业研究人员的介入，与案例沙盒的参与者一起边研究边行动，并最终解决问题。

因此，我们将行动研究法和案例沙盒教学方法相结合（如图10-2所示），打通从"从教学实践到研究，再从研究反馈到实践"的闭环路径。最终，行动研究的成果结论可以直接用于改进实践的管理过程，并复用于指导以后的实践；行动研究中所解决的具体需求问题，则可以为本次案例沙盒教学的项目成果提供直接的参考。

可见，从案例沙盒到行动研究，不仅能够发挥案例沙盒的教学价值和实践价值，也能够引入行动研究从而发挥研究价值，让研究者（学生、教师）和实践者（企业）都能从案例沙盒和行动研究相结合的教学、科研、应用的"产、学、研"活动中获得更大的收益。

图 10-2　从案例沙盒到行动研究

10.1.4 行动研究的实施步骤

行动研究的实施步骤是一个螺旋式加深（迭代上升）的发展过程。每一个螺旋迭代都包括了"问题诊断—行动规划—行动实施—行动评估—反思学习"等五个相互联系、相互依赖的基本环节。其中："问题诊断"不是一个独立的环节，而是贯穿于整个行动研究过程中的，进行资料收集和行动监察的工作；"行动规划""行动实施""行动评估"统一属于"行动干预"，是行动研究中解决问题的研究与实践过程；"反思学习"是对整个行动的思考与总结，并在此基础上计划下一步的行动，它是一次螺旋迭代的终结，又是连接另一次螺旋迭代的中介。

案例沙盒教学将教学实践和企业实践相结合，因此，行动研究非常适合用于解决案例沙盒教学实施过程中出现的重点、难点问题。其中，案例沙盒教学的实施流程也包含着至少一次螺旋迭代过程，行动研究的螺旋迭代过程可以与之相结合，迭代次数取决于重点和难点问题拆解后的关键主题个数以及每一次迭代的行动评估结果。

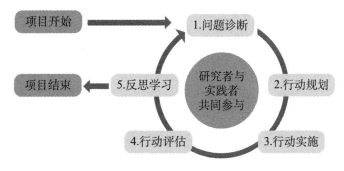

图 10-3 行动研究的五个步骤

1. 问题诊断

问题诊断是对亟待解决的重点、难点问题进行预诊，主要是对问题的范围边界与核心内容予以界定，初步分析原因以便制定行动规划。其中，研究者必须依据已有资料和实际情境进行问题诊断和初步调查分析。案例沙盒教学中的简短案例及其各类附件，以及学生小组在实施过程中收集的各类资料，为研究者提供了可供分析的材料。需要指出的是，行动研究的问题诊断需要界定研究问题和案例沙盒教学主题之间的边界，以确定行动研究工作和案例沙盒教学实施之间的分工与合作关系。

2. 行动规划

行动规划始于解决案例沙盒教学过程中的重点、难点问题，并以问题诊断过程中所发现和整理的大量事实与调查分析为前提。行动规划反映了研究者和实践者对问题的认识，以及他们所掌握的、有助于解决问题的知识、理论、方法、技术和各种条件的综合考虑；同时，行动规划还包括行动干预过程的具体计划，该计划包括解决问题的总体计划和具体行动步骤。需要指出的是，行动研究的行动规划需要明确具体计划与案例沙盒教学课程大纲及实施计划之间的关系，如串行、并行、嵌入等方式，以确定二者之间的协作计划。

3. 行动实施

行动实施即综合运用知识、理论、方法、技术来实施行动计划。行动计划的实施需要具有灵活性。随着对问题认识的逐渐明晰，以及行动过程中各种信息的实时收集与反馈，研究者需要不断吸取案例沙盒教学实施参与者的评价和建议，在实施过程中对已制订的计划进行恰当的修改和调整，即行动是不断调整的。需要指出的是，案例沙盒教学中还强调指导教师需要保护来自学生的关键创意。行动研究人员在实施行动计划的时候，更需要与指导教师紧密配合，尽可能地将针对重点、难点问题的研究工作与针对学生的关键创意孵化结合起来，以达到更好的研究效果。

4. 行动评估

行动评估主要是指对行动研究的背景、过程、结果及行动者本身等方面进行的考核。对于行动研究背景的评估内容包括背景因素以及影响行动的因素等；对于行动研究过程的评估内容包括：哪些人员以何种方式参与了计划实施及其使用了什么材料，他们设计与实施了何种活动，有无意外的变化，如何排除干扰等；对于行动研究结果的评估内容包括预期与非预期的成果、积极和消极的影响等。需要指出的是，研究者需要及时将行动评估内容反馈给案例沙盒教学的实践者，以帮助实践者确定行动研究成果对当前案例沙盒实践的支撑作用。

5. 反思学习

反思学习是行动研究一次螺旋迭代过程的结束，也是连接另一次螺旋迭代的中介。在行动研究完成后，反思学习将对整个行动研究进行总结。其中，通过整理和描述，对观察感受到的以及与制订计划有关的、与实施过程相关的各种现象加以归纳和整理，并系统性地描述出本循环的过程和结果；通过判断和解释，对行动的过程和结果做出总结性的判断，对有关现象及其原因做出分析与解释。在完成全部研究之后，对整个研究工作进行总结，发布最终的研究成果和研究报告。需要指出的是，行动研究不仅需要对于案例沙盒教学中的重点、难点问题及解决方案进行说明，更需要对行动过程中指导问题解决的管理实践进行理论和方法的总结，使之可以复用于以后的实践指导。

此外，需要进一步说明的是，行动研究的具体实施过程并不一定要完全机械地参照这五个步骤执行，这是因为在现实活动总是会出现一些即兴的、创造性的情境，行动研究人员特别是参与案例沙盒教学实践的研究者，需要灵活运用和调整行动研究的特征原则和实施步骤。而对于如何界定研究工作是否属于行动研究的范畴，则可以参考详细的检验判断标准。

10.1.5　行动研究的检验判断

如果行动研究的检验点和判断依据不明确，那么，研究者在现实情境中的工作很可能会被描述为咨询活动或案例研究。而界定所进行的研究是否是行动研究，重点在于研究者和实践者的具体工作方式与内容。一般来说，行动研究需要通过以下检验点和判断依据来确定某项研究工作是否属于行动研究。

检验点1：研究者与实践者共同参与

判断依据包括：

- 双方是否都认同行动研究适合企业的情况？
- 行动研究的关注点是否清晰明确？
- 实践者对行动研究是否有足够的支持？
- 研究者与实践者是否有清晰明确的分工与责任？
- 该项目的数据收集与分析方法是否清晰明确？

检验点2：循环上升的过程原则

判断依据包括：

- 研究者是否对组织状况进行独立的诊断？
- 行动计划是否有清晰的评判标准？
- 行动计划是否可行并能够被评估？
- 研究者是否对行动干预后的结果进行了反思？
- 项目的结束或者新的循环开始是否基于项目目标被满足或者其他足够清晰的理由？

检验点3：遵循理论指导的原则

判断依据包括：

- 该项目是否由一个理论或一系列理论所指导？
- 调查的内容以及涉及的具体问题，是否是研究者与实践者共同关心的问题？
- 是否有一个理论模型来指导所参与事件的发生原因？
- 在行动实施阶段是否遵循这样的理论模型？
- 是否有相关理论评估行动研究后的结果？

检验点4：行动改变实践现状的原则

判断依据包括：

- 研究者与实践者是否有足够的动机去改变实践现状？
- 研究问题与假设是否足够清晰从而能作为诊断的结果？
- 实践者在行动计划前是否批准行动的实施？

- 行动干预前后的组织状况是否得到了全面评估？
- 每个行动采取的时间与效果是否被准确且完整地记录？

检验点 5：反思学习的原则

判断依据包括：

- 研究者是否需要像实践者那样向企业提供进度报告？
- 研究者和实践者是否都会反思行动研究的结果？
- 上一轮行动研究的结果能否成为下一轮行动研究的重要参考？
- 行动研究的成果是否对现有理论产生影响？例如，提出新的知识或完善已有理论。
- 本轮行动研究的成果能否实现普适化？

10.2 SPS 案例沙盒之行动研究示例

10.2.1 行动研究的问题概述

本书第 9 章 "案例沙盒实例：WIZ-H 智慧城市智能停车场系统预研" 提到了 WIZ 公司邀请燕山大学的指导教师团队加入的原因，是希望利用其在信息资源规划方面的经验进行 "行动研究"，研究如何利用区块链技术建立社会资源的资产数字化管理体系，并设计该体系下的资产数字化技术架构模型。

具体来说，基于区块链账簿的资产数字化数据模型是其所有应用架构、流程和算法的实现基础。区块链技术及其作用虽然受到了各行各业的广泛关注和特别期待，但是仍受到自身技术因素的影响，以及人们及其所在组织对区块链技术认知上的影响。同时，传统的信息系统理论和现有模型难以匹配区块链的技术特点和应用管理特征，需要通过行动研究来寻找和完善理论及方法以指导上述问题的解决。新南威尔士大学商学院、北京航空航天大学经济管理学院、燕山大学燕软集团的联合研究团队与 WIZ 公司一起开展行动研究。

10.2.2　行动研究的实施过程

步骤一：问题诊断

研究团队对区块链技术以及智能停车场相关应用进行了全面调研与初步分析。研究团队与 WIZ 公司针对资产数字化问题达成了共同看法：信息资源规划方法可以作为解决该问题的基础方法，同时，如何使用和改进信息资源规划方法则受到人们对于区块链技术不同理解的影响（示例引用如下），这是行动研究的切入点。

有的人认为区块链技术是一个颠覆性的技术，应该全面利用它来替代现有技术；有的人认为区块链技术不容易理解，其功能和性能方面不一定能够满足需求，区块链分布式账簿中到底应该记录什么数据以及如何记录数据都没有标准；有的人认为传统技术在一定程度也能实现需求，应该好好利用传统技术。（研究团队的调研材料）

由此，研究团队识别出的核心问题包括：如何设计基于区块链技术的社会资源类资产数字化（停车位）技术架构模型；同时，在设计过程中需要仔细分析区块链技术本身的可达性和约束性等问题（这影响到人们对技术的理解），以及组织对区块链技术应用的理解（这影响到组织的技术采纳范围和应用程度），研究团队希望通过行动研究进一步总结出新兴技术的管理模式（即基于可达性和约束性的新型技术采纳模式，The Pattern of Affordances-&-Constraints-based Emerging Technology Adoption，AC-ETA），以指导新兴技术的应用实践。

步骤二：行动规划

双方成立联合行动小组，骨干为高校研究团队的人员和 WIZ 公司的企业代表，行动小组负责人由研究团队的人员担任。双方共同设计行动计划，计划主要包括：①理论与数据准备，包括信息资源规划方法、区块链技术原理与应用案例、技术可达性和约束性的相关理论、停车场应用相关资料等，还包括案例沙盒教学实践中各个学生小组实时反馈的相关问题。②行动小组的工作手段，包括文档共享云平台、微信群组、语音会议、现场讨论等。③每周例会时间，包括每周两次例会安排，分别为周一和周四晚七点。④里程碑节点，预设两次迭代。第一次迭代主要聚焦于停车位资产数字化技术架构模型的设计与推演验证；第二次迭代主要根据第一次迭代的结果评估，完善技术架构模型。在最后的反思学习中，研究者需要对新兴技术应用的设计与管理模式进行总结。

步骤三：行动实施

在第一次迭代中，研究者和 WIZ 的产品经理及技术总监一起，完成了停车位资产数字化技术架构模型的设计。

首先，研究者带领 WIZ 公司的产品经理通过信息资源规划方法对停车业务流程和业务数据进行了详细梳理。同时，研究者邀请 WIZ 公司的技术总监详细地讲解了区块链技术的特性以及 WIZ 公司对区块链账簿结构的创新设计。

然后，研究者根据上述梳理与分析，逐步识别出了停车场系统中与数据有关的业务风险、共享问题和性能风险，并且将这些问题与区块链的技术特性以及 WIZ 公司设计研发的区块链账簿结构进行了匹配与分析。研究者发现，由于性能等方面的问题，区块链技术难以解决所有数据的共享问题。但是，区块链技术可以聚焦于业务风险较高的少量关键数据，实现该类数据的风险控制与实时共享，由此可以将区块链网络的系统性能控制在规定的范围内。同时，对于有共享需求的大量非关键数据，则可以采用传统的信息系统技术方式来实现共享并保证其性能。因此，研究者以利用区块链技术与传统技术的互补性设计了停车位资产数字化架构模型与相应的技术方案。

随后，WIZ 公司的产品经理将上述技术方案向 QH 管理局的项目负责人做了汇报。研究者在参与汇报时发现，项目负责人总是担心区块链技术存在风险，其中他们所认为的许多风险却正是区块链技术和上述方案可以解决的。研究者进一步发现，造成这种问题的另一个原因在于项目负责人的专业背景欠缺，致使其不能在短时间内完全理解新兴的区块链技术，这是所有行业普遍存在的现象。因此，研究者和 WIZ 的产品经理提出通过模拟两个停车场应用的试点方式来推演和检验上述方案，以消除项目负责人的风险顾虑。该提议获得了项目负责人的许可，并进行了试点方案的详细推演和验证。

在第二次迭代中，研究者根据模拟试点的验证结果，对停车位资产数字化架构模型及相应的技术方案进行了完善。

步骤四：行动评估

在这两次迭代中，高校的研究者、WIZ 公司的企业代表和 QH 管理局的代表对整个行动的背景因素和行动过程，以及影响行动的因素均进行了详细的评估。其中，研究者随时进行深入讲解，让 WIZ 公司和 QH 管理局的所有参与者能够理解所设计的停车位资产数字化架构模型和相应技术方案的含义与作用，使他们能够将架构模型和技术方案与行动结果准确地对应起来，从而进行有效的评估。

最终，参与行动的各方均表示行动研究的结果达到了预期要求，且对后续的应用有着积极的推动作用。

步骤五：反思学习

行动研究小组对整个行动过程进行了归纳总结并编写了行动研究报告。其中，行动研究小组特别将行动研究过程和结果进行了再分析，从而得出了两个重要的成果：一是针对该案例沙盒教学中的停车位资产数字化架构模型，总结出了基于区块链技术的资产数字化金字塔架构模型；二是针对组织采纳区块链技术的过程，总结出基于可达性和约束性的新型技术采纳模式（AC-ETA）。

10.2.3　行动研究的成果总结

本次行动研究针对案例沙盒教学实践中遇到的重点、难点问题进行研究与实践，取得了以下两个重要成果：

1. WIZ 公司基于区块链技术的资产数字化金字塔架构模型

该行动研究的成果之一是针对该案例沙盒教学中的停车位资产数字化架构模型，总结出的 WIZ 公司基于区块链技术的资产数字化金字塔架构模型（如图 10-4、10-5 所示）。

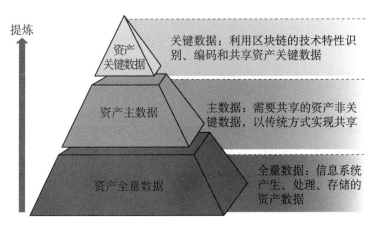

图 10-4　WIZ 公司基于区块链技术的资产数字化金字塔架构模型

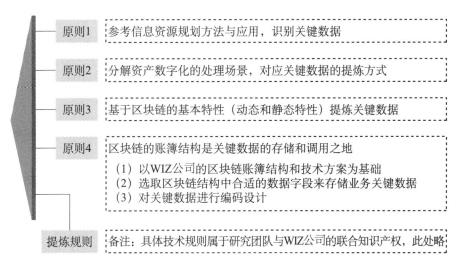

图 10-5　WIZ 公司基于区块链技术的资产数字化金字塔架构模型的使用原则

2. 基于可达性和约束性的新型技术采纳模式

该行动研究的成果之二是针对组织采纳区块链技术的过程，总结出的基于可达性和约束性的新型技术采纳模式（如图10-6所示）。

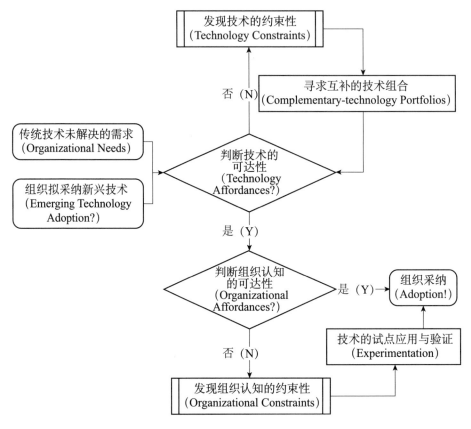

图 10-6　基于可达性和约束性的新兴技术采纳模式

综上所述，本次行动研究的成果将可以被复用于指导区块链技术甚至其他新兴技术的应用与管理实践。

第 11 章
SPS 案例沙盒与企业创新

11.1 从企业创新到企业沙盒

SPS 案例沙盒教学过程是基于真实的商业、技术和决策情境以及开放性的问题与需求，由指导教师引导学生通过预研的方式参与企业的创新实践，以达到学生能力培养的过程。在案例沙盒教学的实践过程中，我们惊喜地发现，面向未来且生动真实的案例主题设计、案例沙盒项目实验室模式中相对安全的实践和创新环境、学生们积极主动的参与和探索形式等，使得已完成的案例沙盒教学项目成果斐然。这些成果不仅体现了学生的实践和创新能力，而且可以为企业的战略规划、商业模式、产品研发等方面提供创新思维和应用基础。参与案例沙盒教学项目的企业代表均表示，案例沙盒教学模式和 SPS 思维给企业的创新活动带来了新的启示。

企业代表在 SPS 案例沙盒教学项目中意识到：案例沙盒教学模式及其预研成果不仅可以为企业提供创新思维和应用基础，而且可以直接延伸到企业的各项创新活动中，企业可以利用融合产学研的案例沙盒教学模式来进行技术创新、管理创新甚至制度创新。

我们提出的"SPS 企业沙盒"是以企业为执行主体，以结构化、实用化、情境化的理念为指导，将企业各项创新活动中重要非紧迫的问题设计成不同的企业沙盒项目，并汇集高校、科研院所及其他机构来共同进行研究或实施工作。其中，企业沙盒项目与传统研究项目或工程项目之间的区别在于：企业构建开放且安全的沙盒运行环境（例如：实践型的培训环境、接近真实的数据实验环境和模拟真实的商业环境等），将重要非紧迫的问题包装成开放的需求主题，面向全社会集思广益，并通过相应的收益模式鼓励各方积极参与，甚至可以将企业沙盒项目发展为创意竞赛和创业项目。

11.2　企业沙盒的主要模式

企业沙盒可以分为两个基本部分：企业培训沙盒和企业应用沙盒。前者主要面向企业的员工培养和知识管理，后者主要面向企业的战略、研发、生产、营销等具体应用领域。

1. 企业培训沙盒

企业培训是为了提高员工素质、能力、工作绩效和对组织的贡献而实施的一种有计划的、系统性的培养和训练活动。企业培训可以由内部的培训部门和培训专家来组织开展，也可以外包给专业的培训机构来实施。然而，各个企业的培训都或多或少地存在以下共性问题：①培训体系不完善。或者流于形式，或者缺乏有系统性和针对性的培训方案。②培训内容不匹配。成熟的知识时常不能与时俱进或已经过时，新兴的知识往往缺少相应培训师资或实际案例，同时，培训内容通常聚焦于过去的案例而不是未来的需求。③培训模式不实用。传统的培训模式以培训师单向讲解为主，虽然部分培训采用了师生互动的模式，但是基本上类似于传统的案例教学。此外，企业常常委托外部培训机构进行培训，培训内容多以通识为主，缺乏问题和需求的针对性。④培训效果难以评价。传统的培训没有针对参训人员的考核体系或者考核方式相对简单，致使一来培训带来的效果难以评价，二来参训人员的能力培养难以评估。

众所周知，企业培训对于员工的能力培养和企业的发展至关重要，因此，企业可以通过沙盒模式吸纳各方力量，从而创新培训方式并解决上述问题：①企业培训沙盒首先面向企业已有的案例，包括成功案例和失败案例。企业可以邀请外部研究人员（如高校的案例研究学者等）与该案例的企业亲历人员一起进行复盘分析和课程设计。一方面，这些案例对于外部研究人员来说是非常好的研究素材，这也增加了对研究者的吸引力，并且外部研究人员的洞察能力和总结方法可以帮助企业有效地梳理案例中的经验和教训；另一方面，案例的企业亲历人员也渴望总结经验或教训，在研究者的帮助下，企业案例的亲历人员可以有效地对案例进行复盘和分析。②企业培训沙盒不仅可以总结已发生的案例，而且可以针对未来需求开展实践。在总结案例的同时，研究者和企业培训机构可以根据案例中的遗留问题或案例事件的发展趋势，将其包装和设计成更多的面向未来的实际问题，并开放给参训人员进行实践。不仅如此，企业还可以根据实际问题，提供模拟的商业环境或脱敏后的数据环境，供培训师引导参训人员在这些相对安全的沙盒环境中开展实践行动。

综上所述，企业培训沙盒将使得培训中的讲解和训练更加贴近实战，从而达到良好的培训效果。

2. 企业应用沙盒

企业需要进行一系列的战略、研发、生产、营销等领域运作。其中，类似于案例沙盒教学模式，企业应用沙盒模式的目标也是解决重要非紧迫的问题。然而，二者还是有明显的区别。案例沙盒教学的主要目的是培养学生的实践和创新能力，基于研究主题的问题设置可以更加开放且具有弹性，同时，对于企业来说，它们可以在提供教学素材的同时，收获各种创意特别是意想不到的创新成果。相比之下，企业应用沙盒的研究问题则更加聚焦和明确，以正式项目的形式而不是教学项目的形式来开展，同时鼓励研究团队和其他组织积极参与，甚至可以将企业沙盒项目发展为创意竞赛和创业项目。

因此，企业应用沙盒通过明确沙盒项目中合作者的收益预期（收益预期一般需要比传统项目高），并以"百家争鸣、择优录用"的方式来激发合作者积极参与企业的实践创新。需要注意的是，企业必须尊重沙盒项目合作者的创新贡献和知识产权，企业需要在应用沙盒开始之前与合作者签订框架协议，以明确若干基本事项，例如：如果企业最终录用了合作者的研究成果，则需要通过合约的形式兑现预期收益；如果没有录用合作者的研究成果，则不可以随意使用合作者的研究成果，以保护合作者的利益及其未来参与沙盒项目的积极性。

我们需要清楚地看到和明确地指出，构建良性可持续的"产学研—共赢"生态环境，对于企业、高校以及所有参与沙盒的组织和人员来说，都是极其重要的！这也是我们提出和打造SPS案例沙盒模式的初衷和目标！

后 记
SPS 案例沙盒的总结与未来

沙盒，不是一个新词，在此之前已经有许多关于沙盒的概念表述。然而，将"沙盒"与"案例教学"甚至"企业实践"相结合则是 SPS 的创新！

本书详细阐述了 SPS 案例沙盒教学方法的概念、原则、流程、工具、角色和范例，并将 SPS 案例沙盒模式延伸至行动研究和企业沙盒等领域。SPS 案例沙盒模式基于真实的商业、技术和决策情境，开放且富有弹性的问题与需求，以及面向未来且生动真实的案例主题设计，为教师、学生、企业提供了相对安全的环境，以培养学生的实践和创新能力，并扩展到研究领域和企业应用。由此可见，SPS 案例沙盒模式打破了高校与社会组织（企业、政府、非营利组织等实践者）之间的壁垒，将"产、学、研"有效且高效地连接起来。这不仅给教育工作者提供了教学方式创新的机会，也为实践者寻找创新路径提供了思路。

众所周知，历史上很多事件的概念和意义都是后人在很多年后赋予的。然而，新型工业革命带来的影响则是公认的且可预见的。"世界潮流，浩浩荡荡"，教育创新必须适应新型工业革命的要求并推动其不断发展。可以预见，SPS案例沙盒模式将会顺应潮流，助力校企之间良性可持续的"产学研—共赢"生态的大发展。

未来，我们将在SPS案例沙盒模式的研究和实践上进行持续的探索和创新。我们坚信，SPS案例沙盒模式及方法将会以更加多样的形式应用于各行各业的实践和创新之中。让我们拭目以待！